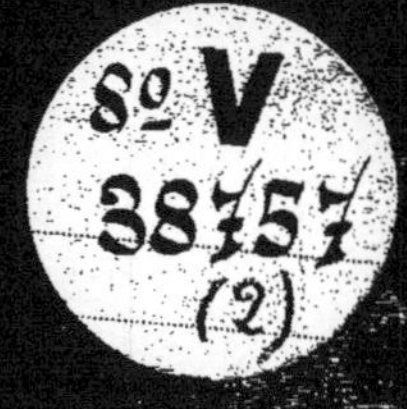

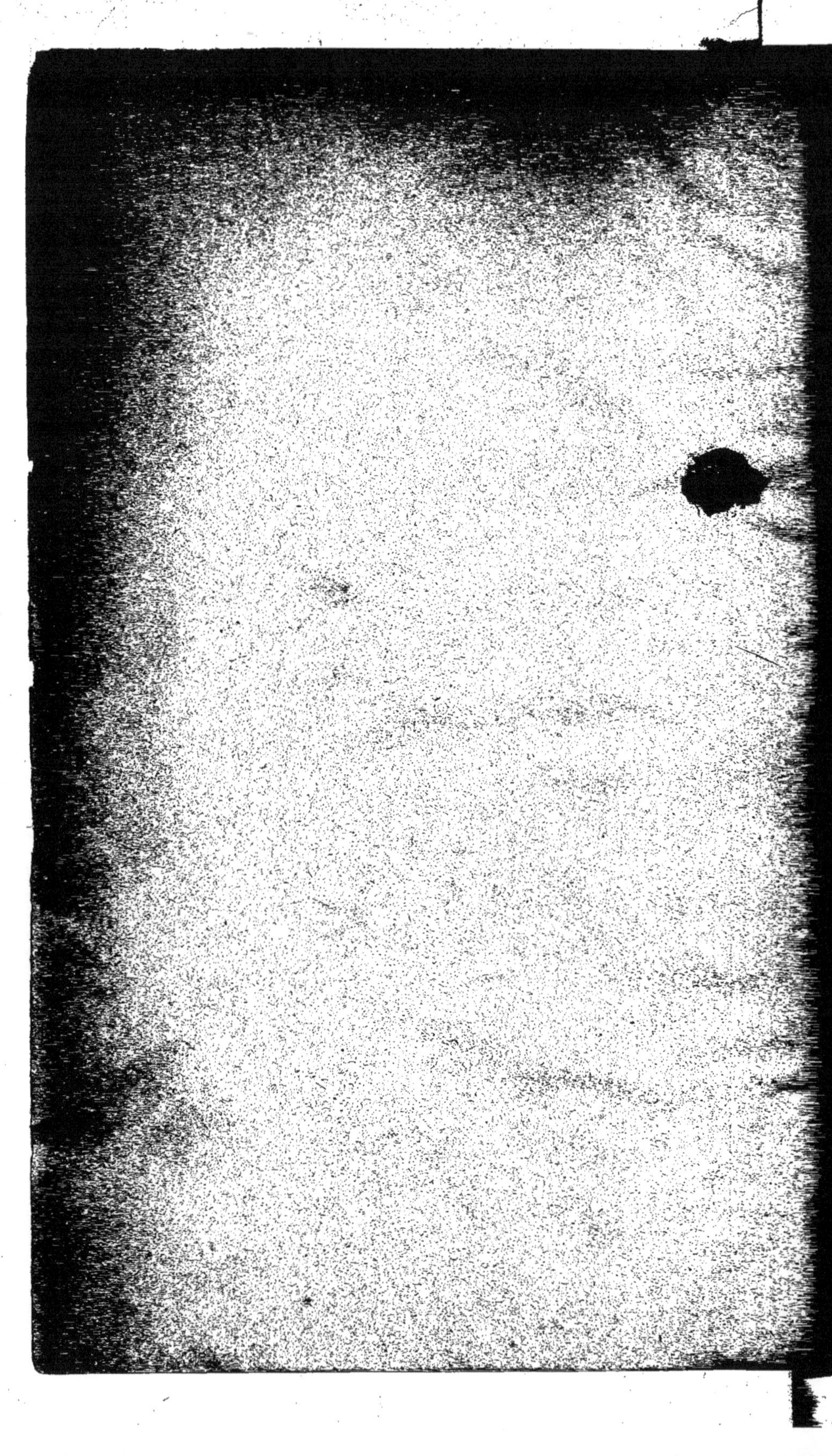

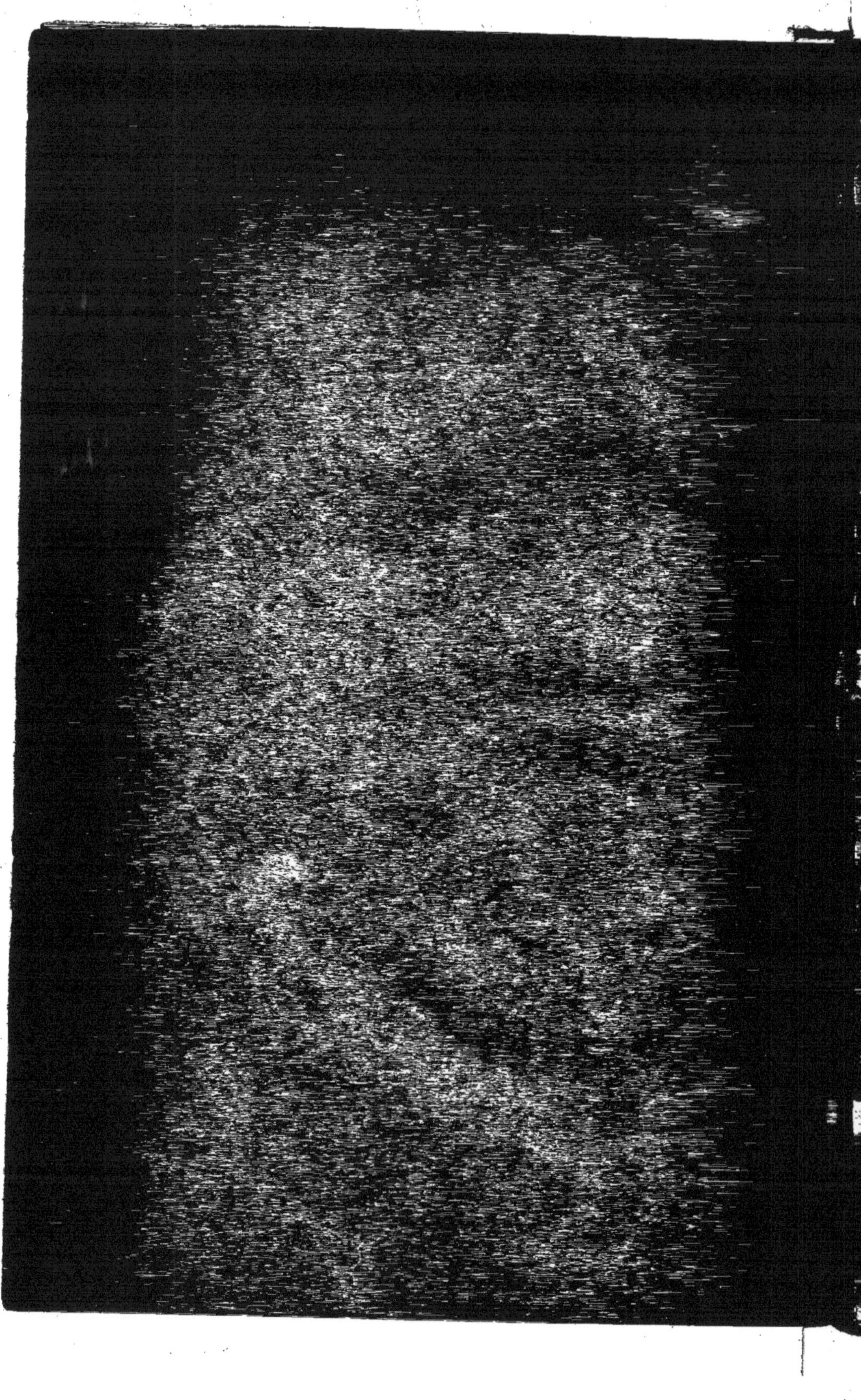

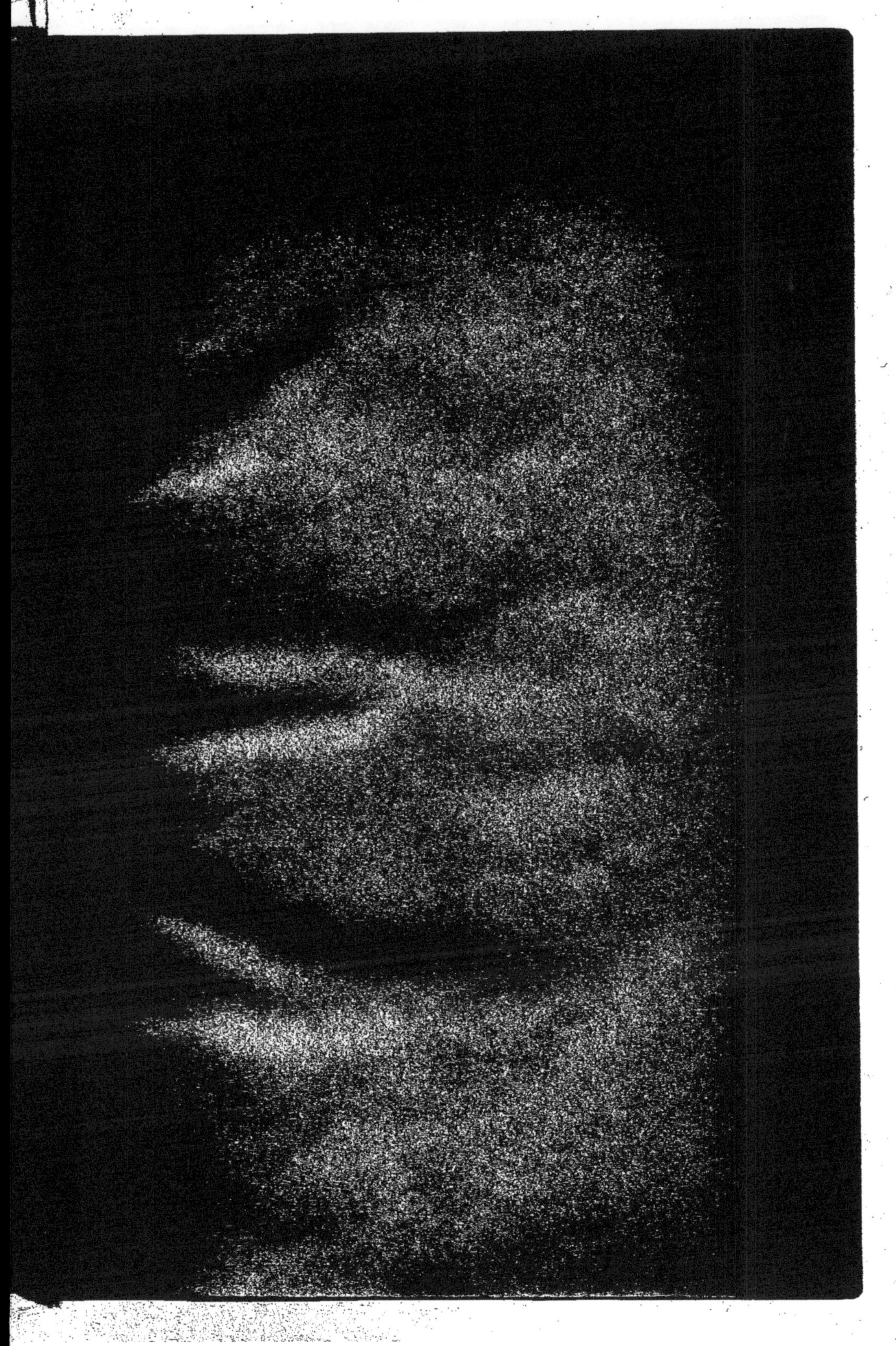

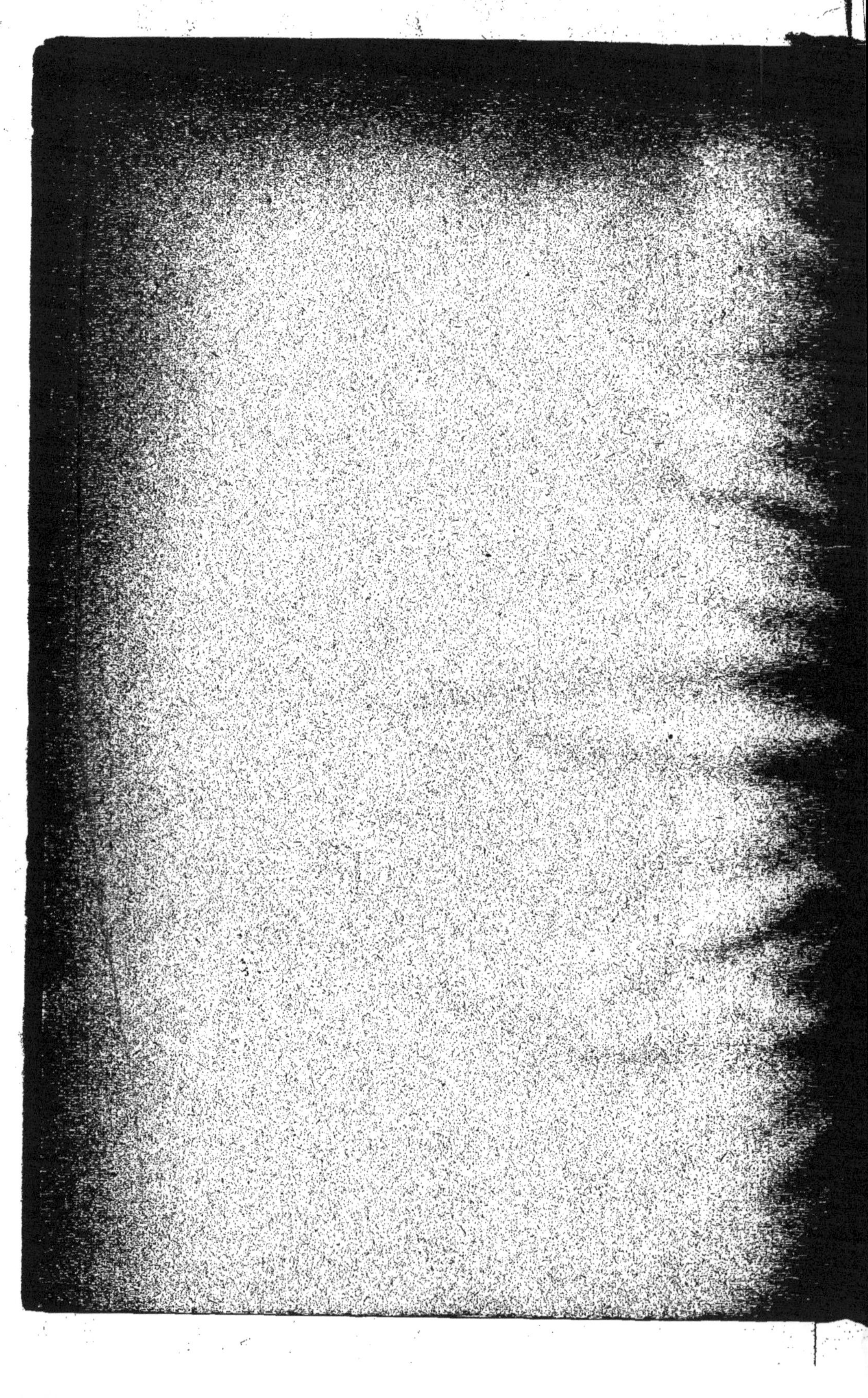

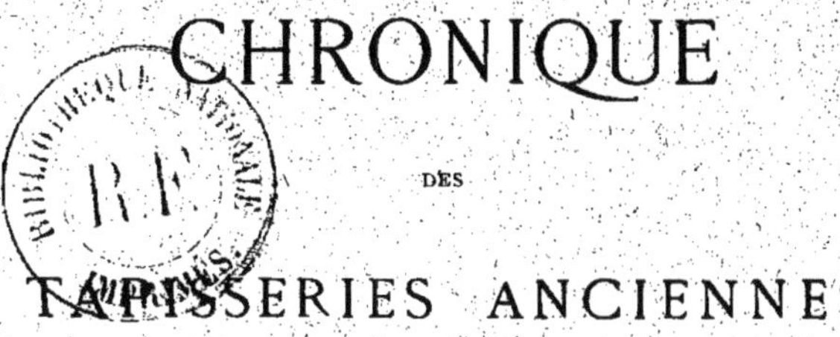

CHRONIQUE

DES

TAPISSERIES ANCIENNES

D'AUBUSSON & DE FELLETIN

En 1912 (fin) et 1913

PAR

Louis LACROCQ

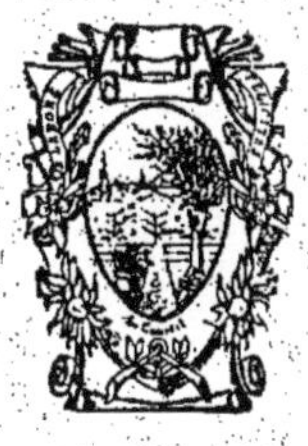

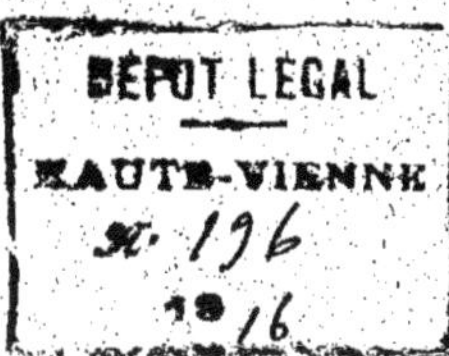

LIMOGES
IMPRIMERIE ET LIBRAIRIE LIMOUSINES
DUCOURTIEUX & GOUT
7, RUE DES ARÈNES, 7
1916

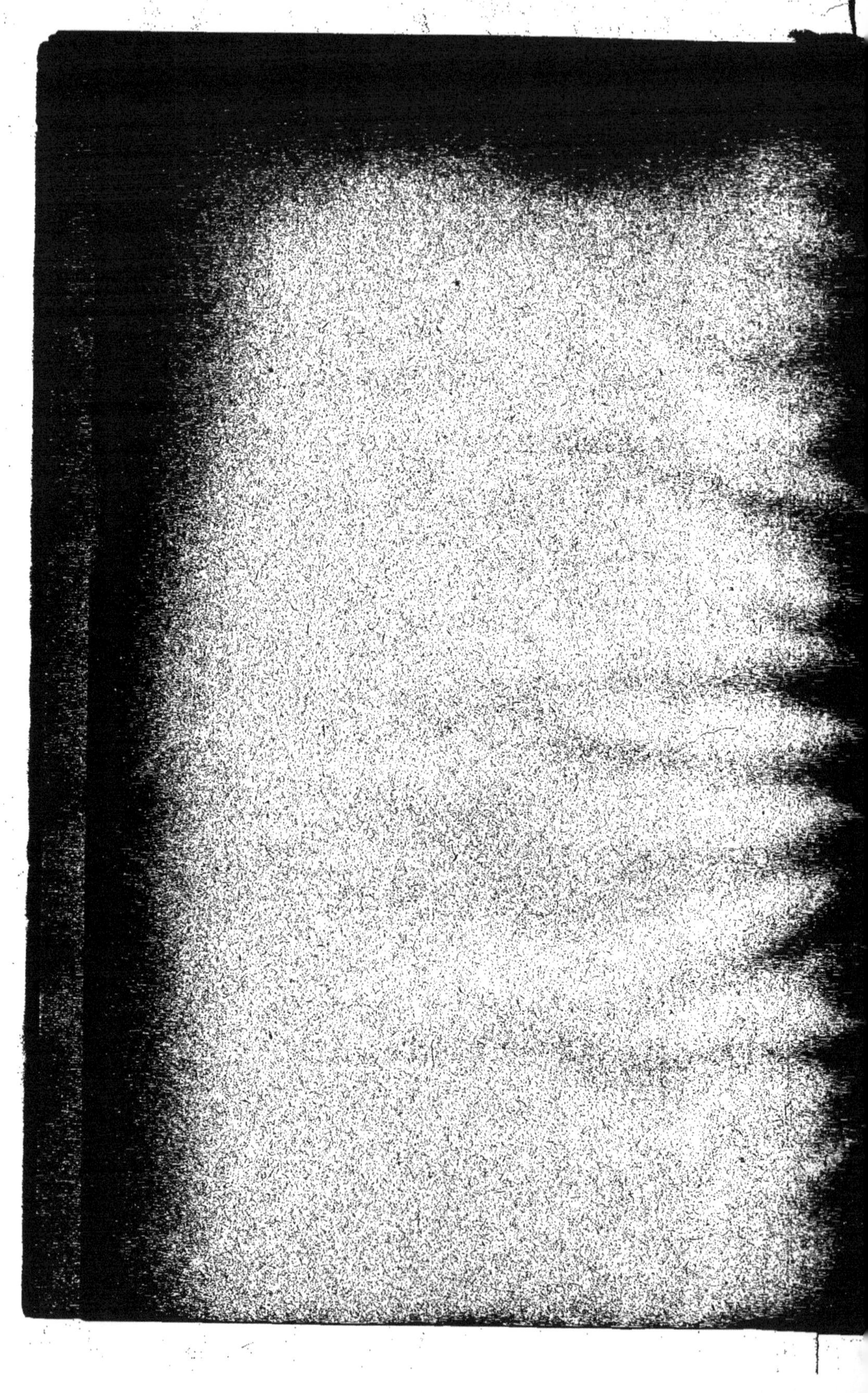

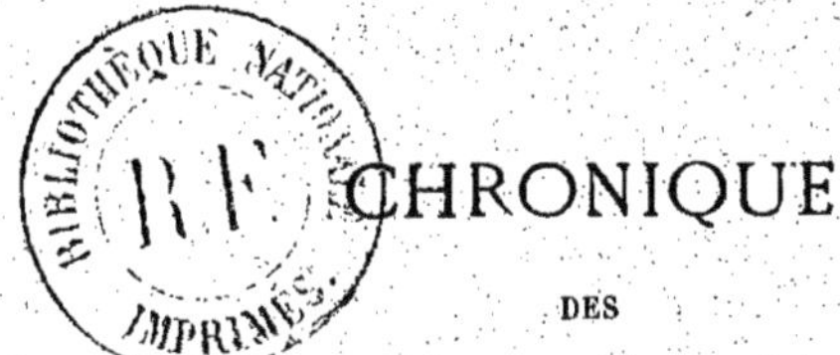

CHRONIQUE

DES

TAPISSERIES ANCIENNES D'AUBUSSON & DE FELLETIN

En 1912 (fin) et 1913

I. — Etudes et documents

1. — Meubles recouverts en tapisserie d'Aubusson au Musée du Louvre

Le legs Isaac de Camondo (1911) a fait entrer au Musée du Louvre un magnifique mobilier de salon en bois sculpté et doré, comprenant un canapé recouvert en tapisserie des Gobelins et d'autres meubles recouverts en tapisserie d'Aubusson. Voici la description de ces derniers, d'après le *Catalogue sommaire du mobilier et des objets d'art du XVII*e *et du XVIII*e *siècles* publié par M. Carle Dreyfus (Paris, Braun, 1913, pages 33 et 34).

No 149. Petit canapé. Dossier : Jupiter et Antiope. Siège : un sanglier attaqué par des chiens. Epoque de Louis XV. H. : 1,m01; L. : 1m,26.

No 150. 1er fauteuil. Dossier : Jupiter. Siège : un dromadaire. H. : 0m,96; L. : 0m,71.

N° 151. 2e fauteuil. Dossier : Pomone. Siège : une belette égorgeant un coq.

N° 152. 3e fauteuil. Dossier : Bacchus. Siège : un buffle.

N° 153. 4e fauteuil. Dossier : une femme caressant un cheval. Siège : un bélier et un mouton.

N° 154. 1re chaise. Dossier : Mars. Siège : un chien poursuivant une perdrix. H. : 0m,94; L. : 0m,57.

N° 155. 2e chaise. Dossier : Saturne. Siège : un éléphant.

N° 156. 3e chaise. Dossier : Apollon. Siège : un bouc et une chèvre.

N° 157. 4e chaise. Dossier : Léda et le cygne. Siège : un renard égorgeant un pigeon.

Les mêmes meubles figurent au *Catalogue de la Collection Isaac de Camondo*, publié par M. Gaston Migeon (Paris, Braun, 1914, pages 8 et 9) sous les numéros 49 à 57.

Cette série, avant d'appartenir à M. de Camondo, avait fait partie de la collection Léopold Double, vendue les 30, 31 mai, 1er juin 1881 et avait été adjugée 100.000 fr. ; le catalogue la décrivait sommairement, sous le n° 404, en la qualifiant « meuble de salon » dit de Louis XIV, en bois sculpté et doré, couvert de tapisseries » des Gobelins », indication complètement inexacte : en effet les bois sont nettement Louis XV et, seul, le grand canapé est recouvert en Gobelins. Les rédacteurs des catalogues du Louvre ont restitué aux ateliers marchois ces pièces hors de pair; la facture, les coloris différencient bien du canapé le reste du mobilier, mais il peut soutenir la comparaison avec la pièce des Gobelins. Jamais Aubusson n'a dû produire mieux que ces tapisseries charmantes qui furent jugées dignes de figurer dans l'ameublement de Louis XV à Versailles (1). « C'est un des plus beaux mobiliers que nous ayons conservés », dit M. Migeon (2). Le legs de Camondo met en bonne place au Louvre l'art marchois du XVIIIe siècle et donne une nouvelle preuve convaincante que les tapissiers aubussonnais étaient capables de faire très bien quand ils avaient de bons modèles et des commandes bien payées.

(1) Ces meubles y étaient connus sous le nom de « Meubles des Dieux », à cause des sujets figurés aux dossiers (Bibliophile Jacob, *Introd. au catalogue de la vente Double*, p. xxvii).

(2) Gaston Migeon, *La collection Isaac de Camondo au Musée du Louvre* (*Revue de l'Art ancien et moderne*, 1914, tome I, p. 410).

2. — Tapis et meubles recouverts en tapisserie d'Aubusson au Musée Jacquemart André

Dans la collection léguée à l'Institut par Madame André, les fabriques marchoises sont représentées par un tapis et deux fauteuils de l'époque du Premier Empire, placés dans la salle VI. Voici, complétées, les indications du *Catalogue-itinéraire* (Paris, Bulloz, 1913).

N° 394. Tapis de la fabrique d'Aubusson. Epoque du Premier Empire. $6^{m},45$-$5^{m},80$.

Fond gris. Au centre, oiseaux et couronne de feuilles ; aux angles, animaux stylisés.

N° 407. Deux fauteuils recouverts en tapisserie de la fabrique d'Aubusson (Epoque du Premier Empire. Fond gris).

1er fauteuil. Dossier : fleurs entourées d'une couronne de feuilles ; aux coins des papillons. Siège : coupé par une bande portant deux chimères à têtes de femmes ; aux coins, des papillons.

2e fauteuil. Dossier : oiseaux avec arbustes. Siège : lapins avec feuillage, bordure de fleurs.

3. — Les cartons de J.-B. Oudry a Aubusson

Dans ma précédente chronique, j'ai incidemment parlé des tapisseries exécutées à Aubusson sur les cartons d'Oudry (1). Une publication récente me ramène à cette intéressante question ; c'est le *Catalogue raisonné de l'œuvre de Jean-Baptiste Oudry, peintre du roi* (1686-1755), travail d'une érudition et d'une méthode excellentes, dû à un distingué historien d'art, M. Jean Locquin (Paris, Jean Schemit, 1912, in 8°).

Oudry a fourni de nombreux modèles de tapisseries, tentures et

(1) *Bull. Soc. archéol. et hist. du Limousin*, tome LXIII p. 253 ; tirage à part, p. 27.

sièges, et on peut dire qu'il a été, à cet égard, un spécialiste. L'Introduction du Catalogue de M. Locquin rappelle qu'il fut nommé, en 1726, dessinateur et peintre de la manufacture de Beauvais et qu'il devint Directeur de cette manufacture en 1733, en association avec Besnier. Cette direction prit fin le 1er janvier 1754, mais Oudry conserva le titre de Directeur artistique chargé de faire six voyages par an à Beauvais. Entre temps, il avait été nommé inspecteur des Gobelins (1736). C'est à Beauvais qu'il mourut le 30 avril 1755 (1). Jusqu'à présent on n'a signalé, à ma connaissance, aucun document se rapportant à une action officielle d'Oudry à Aubusson, mais j'ai trouvé, ces temps derniers, aux Archives Nationales (2), quelques indications qui montrent qu'on a eu directement recours à cet artiste pour nos ateliers. Dans un état du 10 décembre 1731 figure un paiement de 126 livres 4 sols à lui fait « pour ouvrages de peinture et déboursés pour la manufacture de tapis d'Aubusson ». Une lettre du 16 décembre 1743 indique qu'il a fait des corrections à un modèle de tapis de pied destiné à Aubusson. Enfin, un document non daté, qui doit être de 1754, dit que « de tous les peintres, celui qui conviendrait le mieux pour Aubusson est le sr Oudry, si ses paysages étaient plus agréables ». Tout porte à croire, cependant, que ce n'est que très accessoirement qu'Oudry s'est occupé d'Aubusson ; il a dû y avoir surtout des envois de ses cartons faits par les soins de l'administration, cartons que recopiaient, en les simplifiant, les peintres locaux ; j'ai indiqué, dans ma chronique précédente, certaines circonstances qui avaient dû favoriser ces envois.

Voici, d'après le catalogue de M. Locquin, les modèles de tapisseries exécutés par Oudry :

Pour les Gobelins : — Les *Chasses de Louis XV*, pour une tenture en neuf pièces.

Pour Beauvais : — 1o Les *Comédies de Molière*, pour une tenture en quatre pièces ; — 2o Les *Chasses nouvelles*, pour une tenture en six pièces ; — 3o Les *Amusements champêtres*, pour une tenture en huit pièces ; — 4o Les *Métamorphoses d'Ovide*, pour une tenture en huit pièces ; — 5o Les *Verdures fines*, pour une tenture

(1) Ces indications rectifient et précisent sur quelques points celles que j'avais sommairement données (loc. cit.) d'après des ouvrages généraux.

(2) F. 12, 1458a.

en dix pièces ; — 6º Les *Fables de la Fontaine* pour une tenture en quatre pièces.

A cette liste s'ajoutent des tableaux de chevalet, comme les *Cinq-sens* et certaines *Fables de La Fontaine*, qui ont servi de modèles de tapisseries.

Quels cartons d'Oudry furent utilisés à Aubusson ?

Un tapissier de Felletin, Michel Collas, qui faisait un commerce considérable dans le Midi, et particulièrement en Quercy et en Périgord, et dont les carnets de voyage ont été publiés (1) a vendu, en 1747, 1748 et 1751, plusieurs suites de *Chasses royales*. Les mentions de ses carnets (2) sont ainsi conçues :

(1747) Il faut faire pour M. Derache dix pièces : savoir huit de la *Chasse roiale*...

(1748) J'ai pris à faire pour Madame de Plas cinq pièces de la *Chasse roiale* sur la hauteur de 9 quarts 1 pouce (2).

Ce 16 janvier 1751, j'ai laissé chez M. Montauban, marchand tapissier de Cahors, savoir :... trois tentures, deux en verdure et l'autre à personnages de la *Chasse roiale*, le tout sur la hauteur de 9 quarts 1 pouce.

Ce 12 juin 1751, j'ay vendu à M. Montet, marchand tapissier de Montauban, deux tentures de tapisserie, savoir l'une en verdure, l'autre en personnages de la *Chasse roiale*, les deux la somme de 700 livres.

Cette *Chasse roiale* était-elle une réduction des *Chasses de Louis XV* des Gobelins, comme l'a supposé Pérathon (3) ? C'est assez probable. Pérathon ajoute, sans donner aucune référence, qu'« on a souvent reproduit cette magnifique composition à « Aubusson et à Felletin ». La reproduction aurait suivi de près l'achèvement de la suite des Gobelins, car la première tenture des *Chasses de Louis XV* commencée en 1735 — et non en 1733, comme l'indique Pérathon, — a été finie en 1746 ; la seconde, commencée en 1742, a été finie en 1747.

Les vastes compositions d'Oudry avaient été considérablement réduites pour les fabriques marchoises, puisqu'on les ramenait, en hauteur, de 3 aunes 10 à un peu plus de 2 aunes (9 quarts 1 pouce).

(1) Pérathon, *Carnets de voyage de Michel et Antoine Collas, tapissiers de Felletin* (1747-1781). *Archives historiques du Limousin*, tome IV, p. 289 et ss.

(2) Il semble que ces acheteurs habitaient les environs de Cahors.

(3) L. c. p. 291, note 2.

Les mentions du carnet de Collas montrent que la suite marchoise avait au moins huit pièces ; la tenture des Gobelins en comportait neuf (1).

Il n'y a pas trace de fabrication à Aubusson des *Comédies de Molière.* Il se peut que parmi les innombrables *Chasses au loup, au cerf, au renard*, etc., sorties des fabriques marchoises, il y en ait eu d'inspirées des cartons des *Chasses nouvelles* d'Oudry ; la même observation peut être faite pour les *Amusements champêtres* (notamment *Colin-Maillard, Cheval-fondu, Balanceur),* les *Verdures fines* et les *Fables de La Fontaine*; mais pour ces séries les cartons d'Oudry sont perdus et on ne peut même pas faire des suppositions. Par contre, pour les *Métamorphoses d'Ovide*, ce n'est que par Aubusson qu'on peut savoir quelque chose de l'œuvre d'Oudry.

Il avait exécuté en 1734, des cartons pour une tenture de 8 pièces comprenant les sujets suivants :

1. *Jupiter changé en taureau ou l'Enlèvement d'Europe.*
2. *Hippomène et Atalante changés en lions.*
3. *Actéon changé en cerf.*
4. *Le Temple de Circé.*
5. *Les poissons de Glaucus.*
6. *Io changée en vache.*
7. *Occyroé changée en jument.*
8. *Orphée changé en serpent.*

Tous ces cartons ont disparu. On les a eus à Aubusson ainsi que le prouve le document suivant (2), qui est un reçu, non daté, délivré par un fabricant au bureau de la jurande (3).

Je soussignez recognois avoir reçu de Messieurs les Jurez garde une piesse des danseur appelez la pièce de 16, plus cinq piesses appelez les Metamorphoze de M. Oudry, scavoir le Temple de Circé, la piesse d'Orphée, Jupiter changé en toreaux, la piesse de 8, Actéon changé en cerf, le Lion et la Lionne et l'autre pièce de 4 où il y a une jument et un signe.

J'approuve ce que desus. *Signé* FOURIÉ.

(1) Voir sur les *Chasses de Louis XV*, M. FENAILLE, *Etat général des tapisseries de la manufacture des Gobelins*, XVIIIe siècle, 1re partie, p. 345 et ss.

(2) *Arch. Creuse*, E Suppl. 73 HH 1.

(3) Les cartons, à la disposition de tous les fabricants, étaient conservés par les jurés gardes qui les confiaient aux intéressés contre reçu.

(4) L'*Inventaire sommaire des Archives de la Creuse* (Supplément à la série E. Archives communales p. 26) contient une analyse de ce document inexacte et incomplète. Le rédacteur a lu *Daphné* au lieu d'*Orphée* et il a omis la pièce qui termine l'énumération ainsi que le nom du fabricant.

Les mots « la piesse de 8 » paraissent se rapporter au carton d'*Actéon*; il semble bien que la pièce « où il y a une jument et un signe » — un cygne, sans doute — soit le carton d'*Occyroé*. Par suite le reçu est mal libellé et Fourié prenait non pas cinq pièces mais six, les n° 1, 2, 3, 4, 7 et 8 de la liste donné par M. Locquin.

On ne connaît pas d'exemplaire des *Métamorphoses* d'après Oudry sorti des ateliers de Beauvais, mais il existe quelques belles pièces, faites à Aubusson, représentant ces sujets, et que Castel et Pérathon ont affirmé être la reproduction des cartons d'Oudry (1). C'est à raison de cette opinion que M. Locquin a donné la description de plusieurs des cartons des *Métamorphoses* d'après celle des tapisseries d'Aubusson, qu'a signalées Pérathon Il est intéressant d'essayer l'éclaircissement de cette question.

A l'Exposition rétrospective de Limoges, en 1886, figuraient trois panneaux, appartenant à M. Georges Lézaud, que le catalogue des tapisseries décrit ainsi :

21. *L'Enlèvement d'Europe.* — Tapisserie d'Aubusson signée Picqueaux XVIIIe siècle (panneau sans bordure). H. : 3[m],50; L. : 4[m],50.

Cette pièce est une des plus belles qui soient sorties des ateliers d'Aubusson. La finesse de son exécution et l'éclat de ses couleurs la rendent comparable aux produits les plus soignés de Beauvais et des Gobelins.

22. *Lion et Lionne.* — Tapisserie d'Aubusson signée Picqueaux, XVIIIe siècle (panneau sans bordure). H. : 3[m]; L. : 2[m].

Aucune des représentations d'animaux, sorties au dernier siècle des fabriques d'Aubusson, n'a autant de largeur magistrale que ce panneau et le suivant.

23. *Chasse au cerf.* Tapisserie d'Aubusson XVIIIe siècle (panneau sans bordure) H. : 3[m]; L. : 2[m].

Ce panneau, bien qu'il ne porte pas de signature, est évidemment du même que les deux précédents. La composition n'en est pas moins remarquable et le tableau est plein de vie et de mouvement.

Dans l'ouvrage de MM. Louis Guibert et Jules Tixier sur l'Exposition de Limoges (2) les trois tapisseries furent soigneusement décrites, et accompagnées de reproductions au trait. Le nom d'Ou-

(1) PÉRATHON. *Iconographie des Tapisseries d'Aubusson*, dans *Réunion Soc. Beaux arts des départ.*, 1899, p. 581, et *Mém. Soc. Sc. natur. et archéol. de la Creuse*, tome XII, p. 413-416. *Catalogue* p. 30-32. — Albert CASTEL. — *Les Tapisseries* (Paris, Hachette, 1879), p. 262.

(2) Louis GUIBERT et Jules TIXIER. *Exposition de Limoges* 1886. *L'art rétrospectif* (Limoges, Ducourtieux, 1887), p. 97-99, pl. LXXXVIII, LXXXIX, LXXXX.

dry n'était pas prononcé et les auteurs considéraient *le Lion et la Lionne* comme une scène d'amphithéâtre romain, la *Chasse au cerf* comme une scène de chasse, sans la rattacher à des épisodes de la Fable. De fait, ces compositions ne mettaient pas sur la voie. Pérathon, dans son étude sur l'*Iconographie des Tapisseries d'Aubusson* (1) mentionna les panneaux de la collection de M. Lézaud et décrivit, comme faisant partie de la même suite, quatre tapisseries se trouvant au château d'Orgnat, près Chénérailles (Creuse), propriété de M. de Féligonde, tapisseries sans bordure, dont deux signées F. P. PICQVEAVX, 1771, représentant *Orphée aux Enfers*, — *le Temple de Circé*, — *Daphné changée en laurier*, — une *Scène maritime*. Pérathon ajoutait, de la façon la plus affirmative, en se référant au reçu de 1783 reproduit plus haut, qu'on était en présence de la suite exécutée sur les cartons d'Oudry, et que cette suite, exécutée par Picqueaux en 1771, l'avait été, de nouveau, en 1783, dans les ateliers du fabricant Pierre Grellet du Montant. Notons d'abord, que l'indication relative à ce dernier fabricant n'est pas exacte, du moins en ce sens que rien n'établit que Grellet du Montant ait exécuté les cartons d'Oudry; il y a eu, à ce sujet, une inadvertance de Pérathon qui ne s'est pas reporté au document de 1783, où il aurait vu la signature de Fourié et non celle de Grellet du Montant; il a attribué à ce dernier le reçu de 1783 apparemment parce que l'*Inventaire sommaire*, qui ne donne pas le nom du signataire de ce reçu, en fait précéder la mention de celle d'un autre reçu signé de Grellet. Par contre, Pérathon paraît avoir été dans le vrai en admettant que les tapisseries de la collection de M. Lézaud et celles du château d'Orgnat faisaient partie du même ensemble fabriqué par Picqueaux en 1771. La signature de Picqueaux sur deux pièces de la collection de M. Lézaud et sur deux pièces du château d'Orgnac ne suffirait peut-être pas à donner cette certitude, puisque les premières ne seraient pas datées, à en juger par les mentions du Catalogue de l'Exposition de Limoges, tandis que les secondes le sont. Mais il est possible de déterminer la provenance de ces diverses tapisseries.

Dans son étude sur *Saint Jean de la Cour d'Aubusson* (2) Pérathon donne quelques renseignements sur le château que fit

(1) Voir note 1, p. 19.
(2) Dans *Mém. Soc. Sc. natur. et archéol. de la Creuse*, tome VIII, p. 424.

construire, dans ce faubourg d'Aubusson, vers 1770, Jean-Louis de Lentilhac, marquis de Gimel, et il indique que M. de Gimel avait fait exécuter pour ses appartements, par François Picqueaux, des tapisseries représentant les *Métamorphoses* d'Ovide, d'après les dessins d'Oudry. Sur ce point de départ, corroboré par des indications concordantes de Castel (1), j'ai fait, aux Archives de la Creuse, des recherches qui m'ont donné les résultats suivants :

Après le décès du marquis de Gimel, il fut procédé par Rousseau, notaire à Aubusson, le 9 avril 1792 et jours suivants, à un inventaire au château de Saint-Jean. Cet acte mentionne « dans la salle, sept pièces de tapisserie fine d'Aubusson, représentant des Fables ». Les héritiers de M. de Gimel ayant émigré, les biens de la succession furent vendus aux enchères le 7 germinal an II, et le procès-verbal de vente constate que les tapisseries ci-dessus ont été acquises, moyennant 1,650 livres par le citoyen Rebierre Delan (2). Cet acquéreur était un avocat au Parlement qui acheta, en 1800, le château d'Orgnat, resté, depuis, dans la même famille (3). Il me paraît donc hors de doute que les tapisseries d'Orgnat viennent du château du marquis de Gimel et, sans avoir de renseignement précis sur ce point, je crois que le lot de tapisseries acheté par Rebierre Delan en l'an II, transporté par lui à Orgnat, a été, ultérieurement, compris dans un partage de famille qui en a laissé trois à ce château et en a fait sortir les quatre autres qui appartiennent à la famille Lézaud et se trouvent actuellement au château de La Courcelle (Cher). La publication de ces tapisseries, avec de bonnes reproductions, serait très désirable ; mais il ne m'a pas encore été possible de les voir. Le fabricant des ateliers de qui elles sont sorties est bien connu : François Picqueaux, né vers 1727, mort le 23 floréal an XII, paraît avoir été un des meilleurs artistes d'Aubusson dans la seconde moitié du XVIIIe siècle ; il a exercé les fonctions officielles d'assortisseur des laines et soies de la manufacture de 1773 à 1786 (4).

(1) Castel avait vu des tapisseries de Picqueaux, « magnifiques spécimens des ateliers d'Aubusson », dit-il, et portant la signature *Picquiaux assortisseur*. Il ajoute qu'elles provenaient du château de S. Jean. Quoiqu'il ne dise pas où il les a vues, il s'agit bien certainement de celles dont parle Pérathon. On remarquera les relations différentes de la signature.

(2) *Arch. Creuse.* Q, mobilier, District d'Aubusson, en cours de classement.

(3) Tardieu, *Dict. de la Marche*, v° Rebière de Land.

(4) Sur Picqueaux, voir Pérathon, *Notes sur quelques artistes aubussonnais. Mém. Soc. sc. natur. et archéol. de la Creuse*, tome VI, p. 228-232.

Il faut maintenant se demander s'il est sûr que la suite tissée par Picqueaux l'a été sur les cartons d'Oudry, comme l'ont dit Pérathon et Castel. Je n'admettrai pas une affirmative si tranchée. Les sujets des trois tapisseries de la collection Lézaud s'accordent bien avec trois titres des cartons d'Oudry; même accord pour le *Temple de Circé* du château d'Orgnat; l'assimilation de la *Pêche maritime* aux *Poissons de Claucus*, suggérée par M. Locquin, est judicieuse; peut être à la rigueur peut-on assimiler *Orphée aux Enfers* à *Orphée changé en serpent*. Mais *Daphné changée en laurier* du château d'Orgnat ne figure pas dans les cartons d'Oudry. On ne doit pas conclure, — alors qu'il est certain par le reçu de 1783, qu'on utilisait ces cartons à Aubusson, — que les tapisseries de la collection Lézaud et du château d'Orgnat ne reproduisent pas au moins six des compositions d'Oudry; on doit dire seulement qu'il y a un doute à défaut de document écrit et de pièces provenant de la fabrique de Fourié pour servir de comparaison, et qu'en tous cas, on ne faisait pas à Aubusson exactement la série d'Oudry, puisqu'on y ajoutait le sujet de *Daphné*. N'oublions pas que les Métamorphoses d'Ovide ont inspiré bien des gravures qu'on a pu copier à Aubusson.

4.— Les tapisseries de la Préfecture du Loiret

Dans le *Bulletin de la Société archéologique et historique de l'Orléanais* (2e et 3e trim. 1913, no 204), M. le Docteur Garsonnin a publié, avec des illustrations, une étude très complète sur trois tapisseries qui se trouvent à la Préfecture du Loiret et qui faisaient autrefois partie du mobilier de la Cour d'Appel d'Orléans. J'avais mentionné sommairement, dans ma précédente chronique (1), ces tapisseries, ainsi que les deux tapissiers aubussonnais dont il va être question.

La description des trois tapisseries donnée par M. Garsonnin et que je résume complète celle que Pérathon avait établie sur des notes de M. Dumuys (2) :

(1) *Bull. Soc. archéol. et hist. du Limousin*, tome LXIII. p. 238, 239, tir. à part, p. 12, 13.

(2) *Catalogue*, p. 120, 121.

1° *Astyanax caché par Andromaque dans le tombeau d'Hector*, H. : 3m,05 ; L. : 3m,30.

Scène à trois personnages dans un paysage orné de portiques. Au centre, un serviteur soulève la dalle de la tombe d'Hector où Andromaque s'apprête à faire descendre Astyanax pour le soustraire aux recherches d'Ulysse.

2° *L'Éducation ou l'Enfance de Bacchus.* H. : 3m,05 ; L. : 4m.

Dans un paysage avec eaux vives et château, groupe de trois nymphes à gauche : l'une, assise, tient sur ses genoux Bacchus nu et couronné de pampres ; une deuxième lui présente une coupe, une troisième, appuyée sur une lance, se penche vers lui. Mercure s'avance vers ce groupe. A droite, groupe de deux enfants retenant une chèvre. Cette tapisserie paraît avoir une largeur de 1m à 1m,30 repliée sur la gauche.

3° *Le Parnasse.* H. : 3m,05 ; L. : 4m.

Le sommet du Parnasse, couronné d'un temple corinthien. Sur les pentes de la montagne sacrée, se groupent les neuf muses que préside Apollon assis, tenant la lyre d'or. Cette tapisserie paraît avoir une bande de 0,25 repliée. Elle présente une inscription assez inintelligible se terminant par la date 1680. M. Garsonnin critique, avec raison me semble-t-il, l'interprétation donnée à cette inscription par M. Dumuys, qui a pensé que deux des personnages représentaient le Dauphin, fils de Louis XIV, et sa mère.

Ces tapisseries, dit M. Garsonnin, « sont fort belles et rappellent bien la facture des ateliers de la Marche ; le tissu en est fin et la tonalité générale un peu sombre ». Les bordures, identiques dans les trois pièces, sont relativement étroites et formées de coquilles et de rinceaux auxquels se mélangent quelques fleurs. Des répliques de l'*Education de Bacchus* et du *Parnasse* ont été vendues à Orléans vers 1868.

Je ne connais pas d'autres spécimens du *Parnasse* et de l'épisode d'*Astyanax*. Pérathon a signalé (1) une *Enfance de Bacchus* qu'il avait observée en réparation à Aubusson, pièce du XVIIe siècle (H. : 3m ; L. : 1m,40), et qui, d'après sa description, paraît ressembler complètement à la tapisserie d'Orléans.

M. Dumuys (2), avait dit que les tapisseries de la Préfecture

(1) *Catalogue*, p. 53.

(2) Communication au congrès archéologique de Saintes, 1894, p. 141, 142.

du Loiret provenaient de l'auditoire du Présidial d'Orléans pour lequel elles avaient été fabriquées, à Orléans, par deux ouvriers venus d'Aubusson, Pierre Parade (nom que le compte rendu du Congrès a transformé en Carade) et Dumoulin. M. Garsonnin conteste cette affirmation et sa critique paraît fondée. Il résulte d'une procédure conservée aux Archives du Loiret qu'en 1670 les magistrats du Présidial avaient fait venir à Orléans ces deux ouvriers, qu'ils installèrent dans les bâtiments dont les Augustins jouissaient. Ceux-ci, particulièrement irrités parce que l'un des ouvriers était protestant et qu'on avait placé une enseigne de tapisserie à la porte de leur pavillon, brisèrent et jetèrent dehors les métiers, d'où un procès. M. Garsonnin fait remarquer qu'en l'absence de document rien ne prouve que les tapisseries de la Préfecture ont appartenu au Présidial et qu'en tous cas, alors que l'une d'elles est datée de 1680, on ne peut supposer qu'elles soient l'œuvre des ouvriers de 1670, qui auraient mis un temps anormal pour les tisser.

Aux renseignements déjà donnés sur Pierre Parade, je puis ajouter quelques précisions d'état-civil : il s'est marié, le 13 septembre 1665, avec Léonarde Verlot ; son acte de sépulture n'est pas sur les registres d'Aubusson où il est cité, pour la dernière fois, le 12 juin 1698, à propos de l'inhumation de son fils. Je ne crois pas que, des deux ouvriers, ce soit lui qui ait été protestant, car je n'ai jamais rencontré le nom de Parade parmi ceux des réformés. Le nom de Dumoulin n'a pas été rencontré dans les documents sur nos tapissiers.

5. — Tapis d'Aubusson au chateau de Neuilly (Seine)

Dans le *Bulletin de la commission municipale historique et artistique de Neuilly-sur-Seine*, 1912, p. 139 et ss. a paru une communication de M. Paul Marmottan (1), sur des architectes ayant travaillé à Neuilly, parmi lesquels se trouve Barthélemy Vignon, l'architecte de la Madeleine. En 1806 et 1807, Vignon dirigea avec

(1) Cet article m'a été obligeamment signalé par notre aimable confrère M. Georges Berthomier.

un autre architecte, Thibault, les aménagement intérieurs du château de Neuilly, qui appartenait alors à Murat. En vertu du traité de Bayonne (1808), les Murat avaient abandonné leurs biens de France à l'Etat. Plus tard la reine Caroline, veuve de Murat, présenta des réclamations au gouvernement de Juillet au sujet de ses biens de famille, et c'est à cette occasion que Vignon, en 1837, rédigea, sur les aménagements du château de Neuilly auxquels il avait présidé, une note qui a été publiée dans la correspondance de Joachim Murat (vol. VI. Paris, Plon, 1912) et que reproduit M. Marmottan. La mention suivante montre la part considérable qu'avait eue l'industrie aubussonnaise à la décoration du château de Neuilly :

Tapis d'Aubusson par Sallandrouze............ 120.000 fr.

II. — Ventes publiques (1911, *omission*, 1912, 1913)

Les ventes ci-après analysées apportent une documentation assez variée avec quelques pièces de la Renaissance — malheureusement décrites de façon trop brève dans les catalogues, — bon nombre de panneaux du XVIIe siècle et surtout de très nombreux panneaux du XVIIIe siècle. Séries ou pièces isolées de l'*Histoire d'Alexandre*, de celle de *Cléopâtre*, de *David et Goliath*, *Marines* d'après Vernet, suites de *Jeux*, représentant des sujets affectionnés de la clientèle de nos ateliers. Les panneaux de la vente Lantelme, ceux d'une vente du 22 mai 1913 (vendus 220.000 francs) sont des spécimens des jolies tentures à médaillons. Un heureux hasard réunit, en 1913, plusieurs exemplaires de la *Tenture chinoise*. Les verdures sont abondantes ; on notera les prix élevés que quelques unes ont atteints. D'une façon générale, les tapisseries du XVIIIe siècle, période de la bonne production d'Aubusson, ont été bien vendues. Il en est de même des meubles où nous retrouvons constamment les mêmes sujets : *Jeux d'enfants* et *Fables de La Fontaine*. Quelques tapis de pied de la fin du XVIIIe et du commencement du XIXe siècles ont passé en vente.

Tentures

1911

(La vente dont l'analyse suit n'avait pas été comprise dans mon dernier dépouillement).

Hôtel Drouot. — Anonyme. 22-23 *décembre* 1911.

N°s 7 et 8. — *Aubusson* Louis XIV. H. : 2^m,40 et 2^m,45; L. : 3^m,75.

Deux panneaux d'une suite de l'*Histoire d'Alexandre*, représentant l'un la *Tente de Darius*, l'autre le *Passage du Granique*. Bordures : attributs guerriers et fleurs.

(J'ai déjà étudié les suites de cette série d'après Le Brun (1). Les panneaux figurant la *Tente de Darius* sont plus souvent qualifiés la *Famille de Darius*. Voir, plus loin, d'autres indications sur la même série, à une vente du 22 mai 1913).

N° 9. — *Aubusson* Louis XIV. H. : 2^m, 85; L. : 5^m,10.

Prise de ville tirée de l'*Histoire des Croisades*. Bordure : attributs militaires et maritimes.

Je ne connais pas de mention d'*Histoire des Croisades* pour des séries aubussonnaises. L'insuffisance de la description du catalogue ne permet pas de dire si la désignation paraît exacte.

N°s 10 et 11 .— *Aubusson* XVIIIe. H. : 2^m,20 et 2^m,35; L. : 1^m,90 et 1^m,20.

Deux verdures de la même suite : Pagodes, cours d'eau, animaux. Bordure : baguettes enguirlandées de fleurs.

N° 12. — *Aubusson* XVIIIe. H. : 2^m,55; L. : 2^m,35.

Paysage avec deux personnages. Bordure simulant un cadre.

(1) *Bull. Société archéol. et hist. du Limousin*, tome LXIII, p. 254 et ss. tirage à part, p. 28 et ss.

1912

Bordeaux. — Anonyme. 29-30 *janvier* 1912.

N° 148. — *Aubusson*, époque non indiquée. H. : 2m,70; L. : 4m,25.

Verdure claire. Bordure à feuillages et roses.

N° 150. — *Aubusson* XVIIIe. H. : 2m,65; L. : 2m.

Panneau d'une série des *Marines* de C. J. Vernet (1). Médaillon en ovale à bordure imitant un cadre. Des pêcheurs débarquent le produit de leur pêche près d'un rocher que surmonte un arbre. L'homme est debout dans la barque tenant des deux mains le panier plein de poissons, qu'il va charger sur un âne dont l'enfant tient la bride. La jeune femme s'appuie sur l'âne; un panier ouvert est à côté d'elle. Dans le fond une falaise, à gauche un navire. L'entourage est à fond gris; fleurs où domine le rouge, rubans bleus.

On a dû faire à Aubusson bon nombre de tapisseries sur des cartons inspirés des gravures de C. J. Vernet qui fournissaient des sujets très décoratifs. Il en a passé une suite dans une vente des 1-2 mars 1867. Pérathon en a signalé trois panneaux exécutés sur des dessins de Juliard, peintre de la manufacture et qui se trouvaient autrefois dans la maison dite du Prévôt Goubert, à Aubusson (2). On trouvera plus loin une série de marines qui sont peut-être d'après Vernet (vente des 8-9 décembre 1913). Les archives communales d'Aubusson (3) contiennent un document sur la question : c'est une lettre adressée, le 10 décembre 1791, par un marchand de Lyon, Pierre Tachard, à Goubert aîné, fabricant à Aubusson, par laquelle il lui commande plusieurs panneaux. Cette lettre contient d'intéressants détails sur la fabrication; aussi je la reproduis en supprimant seulement quelques phrases du début relatives à un règlement de compte.

(1) Le *Bulletin de l'art ancien et moderne* (1912, p. 20) indique que cette pièce est « un des quatre panneaux de la série des médaillons de Vernet ».

(2) *Catalogue*, p. 18.

(3) E. suppl. 75 HH 3.

La première messagerie vous portera néanmoins... deux gravûres sur un rouleau de bois, le tout couvert d'une toille cirée, lesquels deux gravûres seront pour les deux grands panaux d'une tenture en étein pour laqu'elle je m'expliquerai plus amplement après votre réponse. Préparez seulement vos atteliers pour six panaux de six pieds 10 pouces d'hauteur sur

8 p. 11	4 p. 10	2 p. 3	23 p. 1 pouce de tour.
2 p. 5	2 p. 6	2 p. 2	

Les deux gravures sont deux pêches à la ligne de J. Vernet, dont *le Matin* sera pour le grand panau, et pour le panau de deuxième grandeur *La pêche au Soleil couchant...* Vous pourrez a votre choix choisir les sujets des 4 petits panaux que mon comètant désirerait touttes fois être des vues champêtres, comme un pigeonnier, de vieux bâtiments, chutes d'eau, moulins, monuments antiques, pieddestaux renversés, urnes, ou autres objets de bon goût. Pour les 4 petits panaux quand même il n'y aurait pas de personnage, c'est égal. Observez très strictement que le point de vue soit le même à tous les panaux, par exemple qu'il n'y ait pas de grandes figures dans un et des petittes dans l'autre. Pour le grand panaux vous n'avez pas besoin de chercher à rendre les figures plus grandes que leur proportion; rendez seulement chacunne gravure entierre sur la grandeur qu'elle doit être. Dittes moy courier par courier ce que couteront les dessins, et cela me decidera pour vous fixer le prix de ma tenture. Cette tapisserie n'aura point de bordure et formera tableau. Vous pouriez, Monsieur, me donner vos observations sur les différents prix qu'il faudrait que je misse à cet ouvrage, en dezignant les qualités de chaque prix, y compris ou non compris le dessin, sur quoy je me déciderai. Vous vous rapellerez de me renvoyer mes deux gravures sur leur rouleau avec la ditte tenture et qu'on les gatte le moins possible, il faut tacher de rendre parfaitement les gravûres, elles sont du choix du commetant.

Attendant impatiemment de vos nouvelles et accusation de reception de ma derniere du 19me passé renfermant 500 l. ainsi que de la présente,

Je suis très parfaitement
Monsieur,
Votre très humble serviteur,

Signé : Pierre TACHARD.

On voit par ce document comment on composait une suite au goût d'un client : deux grands panneaux reproduisant des gravures sur lesquelles, probablement en en simplifiant les détails, un peintre de la manufacture établissait ses cartons ; quatre petits panneaux à motifs décoratifs courants, laissés au choix du tapissier.

Hôtel Drouot. — M. P. 9 février 1912.
Série de verdures. *Aubusson*. XVIIIe.
No 98. H. : 2m,80 ; L. : 2m,30.

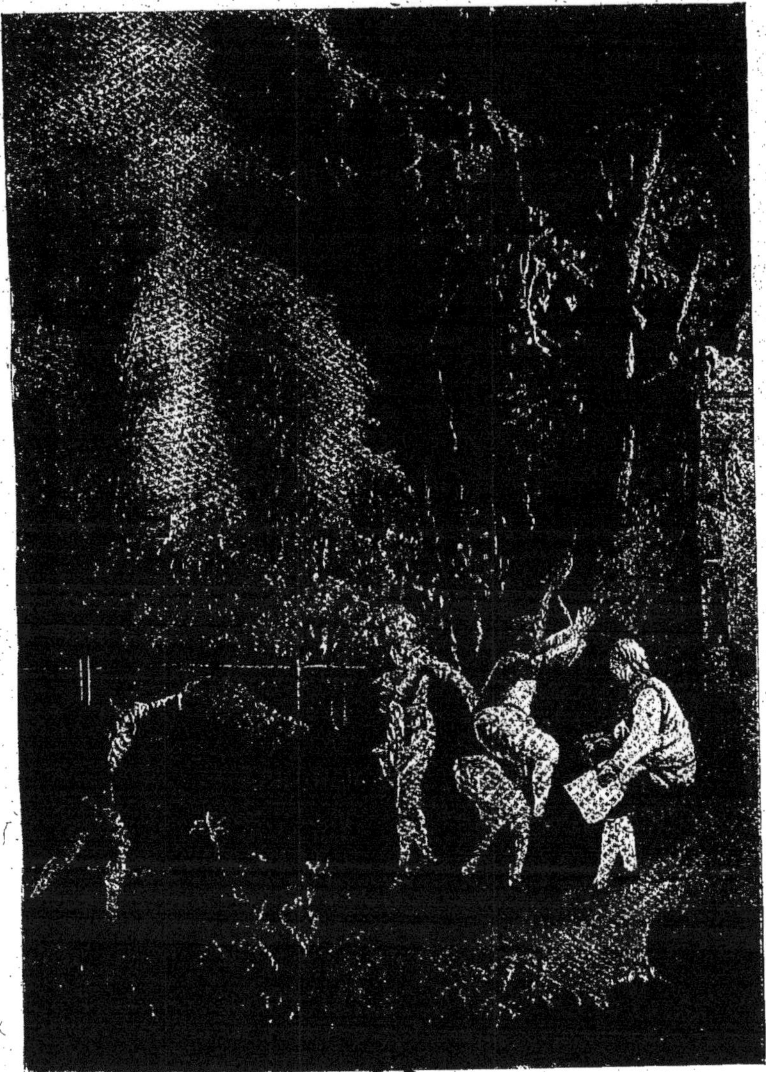

Aubusson (XVIIIe s.)

Le Jeu du cheval fondu

Hôtel Drouot, vente 1912)

Planche 1

Cliché de la Bibliothèque d'art et d'archéologie.

Paysage avec habitations et deux grands oiseaux aquatiques. Bordure : arabesques feuillagées et fleuries sur fond brun. Vendue 795 fr.

N° 99. — H. : 2^{m},60 ; L. : 3^{m},55.

Paysage avec habitation à clocheton, cours d'eau et oiseaux. Bordure : enroulement de feuillages, fleurs et rubans. Vendue 1,800 fr.

N° 100. — H. : 2^{m},55 ; L. : 1^{m},45.

Paysage avec habitation et oiseaux, fond de colline. Bordure : enroulement de feuilles d'acanthe et fleurs. Vendue avec le n° 108.

N° 101. — H. : 2^{m},65 ; L. : 1^{m},95.

Paysage avec cours d'eau et flore exotique. Bordure : enroulement de pivoines sur baguette et guirlande de fleurs. Vendue 1,230 fr.

N° 102. — H. : 2^{m},90 ; L. : 1^{m},35.

Parc avec habitation et deux faisans. Bordure : fleurs et rocailles. Vendue 570 fr.

N° 103. — (Ni prix ni dimensions indiqués).

Petit panneau : femme dans un paysage. Bordure simulant une bordure de cadre à coquille, ruban et arabesques fleuries.

N° 104. — H. : 2^{m},80 ; L. : 4^{m},65.

Paysage. Bordure : guirlandes, chute de fleurs, cages avec oiseaux. Vendue 2,850 fr.

N° 105. — H. : 2^{m},80 ; L. : 3^{m},50.

Parc avec jet d'eau, chien et oiseaux. Bordure : feston de feuillages et fleurs. Vendue 2,635 fr.

N° 106. — H. : 2^{m},50 ; L. : 2^{m},20.

Paysage sous bois. Bordure : branchages feuillagés et fleuris, vases, cartouches et culots. Vendue 885 fr.

N° 107. — H. : 1^{m},95 ; L. : 2^{m},15.

Paysage avec habitation. Bordure : enroulement de fleurs sur baguettes. Vendue 780 fr.

N° 108. — H. : 2^{m},80 ; L. : 1^{m},45.

Paysage avec barrière et oiseaux. Vendue (avec le n° 100) 2.220 fr.

N° 109. — H. : 2^{m},15 ; L. : 2^{m},25.

Paysage. Bordure : écusson, trophées, attributs, guirlande de fleurs. Vendue 870 fr.

N° 110. — H. : 2^{m},65 ; L. : 1^{m},10.

Paysage avec habitation, perroquet sur une branche. Bordure : branchages fleuris sur fond noir. Vendue 400 fr.

Nº 11. — H. : 2m,65 ; L. : 1m,25.

Fragment. Bordure : coquilles et arabesques. Vendue 455 fr.

Hôtel Drouot. — Succession de Mme D. 26-28 février 1912.

Nº 255. — *Aubusson* XVIIIe. H. : 2m,15 ; L. : 1m,87.

Chasse au cerf dans un paysage. Vendue 7,025 fr.

Nº 256. — *Aubusson* XVIIIe. H. : 2m,60 ; L. : 1m,40.

Départ pour la chasse ; fond de ville et de paysage. Vendue 4,550 fr.

Nº 257. — *Aubusson* Louis XIV. H. : 2m,80 ; L. : 1m,65.

Dans un paysage, un guerrier à cheval ; la Victoire le couronne. Bordure : attributs guerriers et l'Amour sur fond noir. Vendue 1,250 fr.

Hôtel Drouot. — Anonyme. 11-12 mars 1912.

Nº 213. — *Aubusson* XVIIIe. H. : 2m,50 ; L. (totale) : 10m environ.

Grande tapisserie en deux parties. Elle représente un roi agenouillé suivi de deux pages et de guerriers en armes, à l'entrée d'une abbaye. Il est reçu par l'abbesse auréolée qu'accompagnent quelques moines et deux hérauts. Près de l'abbesse, un genou en terre, un page tient un miroir. A gauche les bâtiments du monastère. Bordure : encadrement simulant un cadre à coquilles et fleurons. Au centre de la bordure supérieure les armoiries d'un prélat à double écusson. Dans la lisière inférieure on lit la date 1748 et plusieurs fois répétée la marque M. R. DAVBVSSON. F. PICON. M. VALLENE. Vendue 7,400 fr.

La description trop courte du catalogue, qui n'indique même pas la composition des armoiries, ne permet aucune recherche utile sur cette pièce curieuse et de dimension exceptionnelle. Je ne peux donner que des renseignements sur les tapissiers qui l'ont signée :

Picon et Vallenet (véritable orthographe) sont des noms de tapissiers qu'on trouve fréquemment à Aubusson. Les signataires de la tapisserie, qui avaient formé entre eux une association, paraissent être : 1º François Picon, juré garde en 1742 ; il a signé seul une *Chasse au sanglier* (coll. Rogier) et quatre verdures passées en vente en 1873 (1) ; 2º Michel Vallenet, aussi juré garde en 1742 (2).

(1) Pérathon. *Catalogue.* p. 20 et 54. J. Guiffrey. *Hist. de la Tapisserie.* (Tours, Mame, 1886), p. 491. — *Arch. Creuse.* B. 1004. Châtellenie d'Aubusson non inventorié.

(2) *Arch. Creuse., id.*

N° 221. — *Aubusson*. Louis XV. H. : 2m,15; L. : 4m,55.

Paysage boisé, traversé par un cours d'eau, avec vue d'un château; église et habitation. A droite, un chasseur; à gauche, un pêcheur conversant avec une bergère qui garde deux moutons. Bordure d'encadrement à torsade de feuillages. Vendue 14,200 fr.

Hôtel Drouot. — Anonyme. 29-30 mars 1912.

N° 235. — *Aubusson*. XVIIIe. H. : 2m,65; L. : 2m,95.

Scène de chasse. Au premier plan un chasseur debout et tirant. Auprès de lui une jeune fille et un enfant tenant un roseau. Vers la droite le cheval du chasseur tenu en main par un jeune paysan, près d'un pont de bois sur lequel passent une femme et son enfant. Fond de village et pont de pierre. Bordure simulant un cadre à arabesques et festons de feuillages. Vendue 8,600 fr.

Hôtel Drouot. — Anonyme. 20 avril 1912.

N° 138. — *Aubusson* XVIIIe.

Paysage avec pagode, rochers, cascade, arbustes, plantes grasses et volatiles. Bordure à rinceaux sur fond jaune.

Hôtel Drouot. — M. S... 24 avril 1912.

N° 75. — *Aubusson* XVIIIe. H. : 2m,36; L. : 2m,51.

Paysage avec constructions, volatiles et cours d'eau. Bordure à fleurs et enroulement de rubans sur fond noir.

N° 76. — *Aubusson* XVIIIe. H. : 2m,70; L. : 2m,30.

Parc avec perspective de château.

N° 77. — *Aubusson* XVIIIe.

Paysage avec pagodes, chute d'eau et échassiers. Bordure : rinceaux de branchage fleuris sur fond noir.

N° 80. — *Aubusson* XVIIIe. H. : 1m,71; L. : 0m,50.

Deux petits panneaux, arbres et plantes grasses au bord de l'eau.

N° 81. — *Aubusson* Louis XIV. H. : 2m,10; L. : 1m,65.

Réunion de grands personnages en casque et armures.

N° 83. — *Aubusson* XVIIIe. H. : 2m,10; L. : 1m,36.

Paysage avec deux arbres sur le devant. Au fond château sur un tertre. Bordure feuillages.

N° 84. — *Aubusson* XVIIIe. H. : 2m,65; L. : 1m,30.

Portière représentant un chien en arrêt. Encadrement à enroulement de rubans, fleurs et fruits.

N° 85. — *Aubusson* XVIIIe. H. : 2m,30; L. : 1m,50.

Portière verdure. Mare avec arbustes et échassiers. Encadrement à volutes et feuillage sur fond noir.

N° 86. — *Aubusson* XVIIIe. H. : 2m,18; L. : 0m,85.

Portière à deux grands personnages drapés de jaune sur fond de paysage. Bordure étroite à rinceaux sur fond bleu.

Hôtel Drouot. — Collection de Madame Balletta. 8-10 mai 1912. N° 436. — *Aubusson.* Louis XVI. H. : 2^{m},40 ; L. : 1^{m},65.

Le Jeu du cheval fondu (voir planche 1). Cinq jeunes gens y prennent part. Au premier plan fleurs et bille de bois. Muraille et grands arbres à droite. Au fond, derrière une balustrade en bois, rideau d'arbres et habitation. La bordure manque.

Le Musée de Guéret possède un fragment de panneau ayant la plus grande ressemblance avec la pièce ci-dessus décrite; les joueurs, le premier plan, ce qui reste du décor à droite sont absolument semblables. La partie gauche du décor et le fond présentent seuls des différences : dans la pièce de Guéret il y a une tour à gauche; le sol finit en terrasse au-dessus d'un ruisseau que traverse un pêcheur portant un filet. Tout à fait à l'arrière plan, mêmes habitations derrière des arbres. Il ne reste que 1^{m},05 du panneau en hauteur; la largeur est sensiblement la même que celle du panneau de la vente Balletta. Ces deux tapisseries ont été évidemment faites sur le même carton, avec variantes de détails. Le catalogue du Musée de Guéret (1) attribue le panneau qu'il décrit sous le n° 25 à une fabrique de Flandre; il n'est pas nécessaire d'insister sur cette erreur manifeste; le panneau est d'Aubusson. Un autre panneau, intact celui-là, au même musée et qui représente le *Jeu de Collin-Maillard* peut être de la même suite que le *Cheval fondu.* Ainsi que je l'ai dit plus haut, à propos des cartons d'Oudry, ces sujets peuvent avoir été inspirés de ses *Amusements champêtres.* Je ne connais qu'un document parlant du *Cheval fondu* : c'est le livre de compte des Goubert, qui avaient une fabrique importante à Aubusson dans la seconde moitié du XVIIIe siècle (2); il contient la mention d'un paiement à un ouvrier pour des têtes de cette pièce; le nombre de têtes indiquées (six et deux petites) suppose une composition un peu différente de celle des panneaux dont je viens de parler.

Galerie G. Petit. — Collection de M. Demachy. 24 mai 1912. N° 103. — *Aubusson* Louis XV. H. : 2^{m},90 ; L. : 3^{m},85.

Paysage avec personnages et traversé par une rivière. A gau-

(1) G. Monnet. *Catalogue descriptif des tapisseries,* Guéret, 1888, p. 17.
(2) *Arch. Creuse.* E suppl. 74. H 2. — Pérathon, *Catalogue,* p. 175.

che une tour; au premier plan des animaux; au milieu d'arbres un berger et une bergère. Bordure simulant un cadre.

N° 104. — *Aubusson* Louis XV. H. moy. : 1m,90; L. : 1m,80; 2m; 1m,35.

Suite de quatre panneaux représentant des groupes de paysans qui dansent et jouent dans la campagne. A la partie supérieure, guirlande de fleurs.

Hôtel Drouot. — Anonyme. 24 mai 1912.

N° 124. — *Aubusson* XVIIIe.

Deux panneaux représentant des scènes bibliques. Bordures fleuries.

Hôtel Drouot. — Anonyme. 29 mai 1912.

Aubusson XVIIIe. — *La Diseuse de Bonne Aventure.* Vendue 10,500 fr.

Hôtel Drouot. — Madame L. de St-C. 10 juin 1912.

N° 67. — *Aubusson* XVIIIe. H. : 2m,60; L. : 2m,25.

Verdure. Parc accidenté avec cours d'eau et oiseaux. Bordure à rinceaux. Vendue 2,800 fr.

N° 68. — *Aubusson* XVIIIe, H. : 2m,89; L. 1m,80.

Verdure. Paysage montagneux avec cours d'eau et oiseau. Bordure à rinceaux. Vendue 1,700 fr.

N° 69. — *Aubusson* XVIIIe. H. : 2m,90; L. : 2m.

Verdure. Paysage avec volatiles, écureuil, fond de collines. Vendue 1,800 fr.

N° 70. — *Aubusson* XVIIIe. H. : 2m,85.; L. : 2m,45.

Verdure. Paysage boisé. Bordure : chute de fruits, feuilles et feuillages. Vendue 2,800 fr.

N° 71. — *Aubusson* XVIIe. H. : 2m,65; L. : 1m,75.

Sujet mythologique à grands personnages. Vendue 770 fr.

Hôtel Drouot. — Anonyme. 10 juin 1912.

N° 127. — *Aubusson* Louis XV. H. : 2m,80; L. : 1m,10.

Verdure présentant un arbuste, un oiseau et des habitations. Bordure simulant un cadre sur fond bleu.

Hôtel Drouot. — Madame X. (Casimir Périer) 14 juin 1912.

N° 89. — *Aubusson.* époque Régence. H. : 2m,95; L. : 3m,70.

Composition dans la manière de Coypel, représentant le *Char de Bacchus.* Sur le char traîné par deux tigres, Bacchus est assis, autour, un satyre et des Bacchantes, un Amour monté sur une chèvre. Riche décor d'arbres, à gauche, Perspective de paysage et d'édifices à l'arrière-plan. Bordure d'arabesques chargées de fleurs et de fruits sur fond brun. Vendue 15,700 fr.

A en juger par l'illustration du catalogue, l'attribution de cette tapisserie aux ateliers d'Aubusson paraît discutable. Je n'y reconnais pas leur facture, surtout dans les personnages; cette pièce semble plutôt de fabrication bruxelloise.

Hôtel Drouot. — Succession de Mme la Baronne C. (Chaulin). 12 juin 1912.

No 120. — *Aubusson* XVIIIe. H. : 1m,75; L. : 1m,45.

Tapisserie à petits personnages présentant un jeune villageois devisant avec une bergère. Un chien couché veille à leurs pieds.

No 121. — *Aubusson* XVIIIe (Dimensions non indiquées).

Le Jugement de Pâris. Pâris, vêtu d'une chlamyde bleue, est assis sur un tertre au pied d'un arbre. Sa main, soutenue par l'Amour, décerne la pomme à Vénus tandis que, derrière lui, Mercure semble indiquer de son caducée Minerve et Junon au choix du berger. Les deux déesses, accompagnées de leurs oiseaux symboliques, cherchent par leurs gestes à attirer sur elles l'attention du beau juge. Au premier plan un chien dort près de la houlette de son maître. A gauche paysage animé de colombes et de moutons. A droite arbres et fleurs.

Il se pourrait que cette tenture ait été faite sur un carton de Lagrenée l'aîné. Le livret du Salon de 1759 contient, en effet, la mention de trois tableaux « destinés à être exécutés en tapisserie à la manufacture d'Aubusson, par M. La Grenée, adjoint à professeur ». Les sujets sont ainsi indiqués :

Vénus aux forges de Lemnos, accompagnée des Grâces et des Plaisirs, demande à Vulcain des armes pour son fils Enée. Tableau de seize pieds de long sur neuf de haut.

L'Aurore enlevant Céphale, jeune chasseur, pendant qu'il était occupé à tendre ses filets. Tableau de neuf pieds de haut sur six de large.

Le Jugement de Pâris, de neuf pieds de haut sur huit de large.

L'absence de description au livret du Salon ne permet pas de savoir si la tenture ci-dessus reproduit la composition de Lagrenée sur des dimensions réduites.

Limoges. Anonyme. 25-26 juin 1913.

No 71. — *Aubusson* XVIIe.

Tenture représentant *Daniel dans la fosse aux lions.*

No 74. — *Aubusson* XVIIe.

Suite de quatre verdures avec bordures à panaches.

D'après Pérathon (1), dans l'inventaire du château des Cars (Haute-Vienne) se trouve la mention, en 1604, d'une tenture de Felletin en six pièces, représentant l'*Histoire de Daniel et de.....fans* (probablement *des trois enfans dans la fournaise).*

Hôtel Drouot. — Anonyme. 9 juillet 1912.
Aubusson XVIIIe.
Chiens courant après un lièvre dans un paysage. Vendue 9,010 fr. (2).

Hôtel Drouot. — Anonyme. 30 octobre 1912.
No 124. — *Aubusson* XVIIIe. H. : 2m,25; L. : 2m,60.
Vénus couronnée de fleurs par une jeune femme et des Amours. Bordure à baguette et fleurs.

Hôtel Drouot. — Anonyme. 14 novembre 1912.
No 139. — *Aubusson* Louis XV. H. : 2 m,80; L. : 2m,50.
Paysage avec ruines. Au premier plan, une paysanne accompagnée de brebis et d'une vache. Bordure : baguettes enguirlandées de feuilles et de fleurs. Verdure 5,000 fr.

Hôtel Drouot. — Anonyme. 16 novembre 1912.
No 156. — *Aubusson* XVIIIe. H. : 2m,45; L. : 2m,75.
Verdure avec un ruisseau et des échassiers. Bordure : roses et entrelacs.
No 158. — *Aubusson* XVIIIe. H. : 2m; L. : 3m,30.
Panneau formé de deux verdures rapportées, présentant des échassiers sur le bord d'un fleuve, avec perspective de village au fond.
No 159. — *Aubusson* XVIIIe. H. : 2m,90; L. : 1m,80.
Verdure. Maisonnette dans un horizon clair, au premier plan, des arbres sur l'un desquels grimpe un fauve. Bordure : roses et chutes de fleurs.
No 160. — *Aubusson* XVIIIe. H. : 2m,35; L. : 1m,30.
Portière. Au premier plan paysage à plantes grasses. Bordure : fleurs et feuillages,
No 161. — *Aubusson*, commencement XVIIIe. H. : 2m,30; L. : 1m,20.

(1) *Catalogue*, p. 97.
(2) Je n'ai pas pu me procurer le catalogue de cette vente; le renseignement ci-dessus est emprunté au *Bulletin de l'art ancien et moderne*, no du 27 juillet 1912, p. 214.

Portière. Figure de sainte portant un rameau fleuri. Bordure : fleurs, fruits et torsades.

N° 162. — *Aubusson* XVIIIe. H. : 1m,60 ; L. : 1m,64.

Fragment présentant un château parmi les arbres. Au premier plan, échassiers dans des roseaux au bord d'un étang.

N° 163. — *Aubusson* XVIIIe. H. : 1m,50 ; L. : 0m,70.

Fragment présentant une figure de femme éplorée sur fond de feuillage.

N° 165. — *Aubusson.* commencement de la Renaissance.

Bandeau de cheminée présentant une chimère, un écureuil et une chouette dans un semis de fleurs sur fond jaune.

N° 168. — *Aubusson*, commencement du XVIIIe.

Fragment d'encadrement de tapisserie présentant une femme assise, en médaillon sur fond jaune dans un encadrement fleuri à volutes et rocailles.

Hôtel Drouot. — Anonyme. 18 novembre 1912.

N° 106. — *Aubusson* XVIIIe. H. : 2m,65 ; L. : 3m,08.

Verdure animée d'oiseaux. Bordure : feuilles d'acanthes et fleurs.

N° 109. — *Aubusson* Louis XV. H. : 2m,95 ; L. : 3m.

Panneau décoratif présentant sur un fond blanc deux grands palmiers et un arbuste à fruits rouges. Dans le feuillage des palmiers et à leur pied, parmi des arbres nains, des plantes grasses et des ananas, se jouent des oiseaux et des animaux chimériques. A la partie supérieure de la tapisserie, une guirlande de fleurs et de fruits retenue par des rubans. Bordure simulant un cadre. Ce panneau est signé, en bas, au milieu : M. R. D'AVBVSSON. L. DESCHAZAVX. Le catalogue qualifie cette pièce de « fine et rare tapisserie ». Le signataire doit être Laurent Deschazaux ou Deschazeaux, né le 6 juillet 1750, marié le 30 janvier 1770 à Jeanne Boulegon, mort le 14 mai 1786 (1). Il a fait là un travail vraiment original dont on ne doit pas rencontrer beaucoup d'exemples : cette composition, malgré une certaine gaucherie d'agencement, représente une tentative d'art purement décoratif intéressante, avec ses éléments végétaux et ses animaux fantaisistes, profondément différente des verdures, toujours arrangées en « tableaux ».

(1) *Registres paroissiaux d'Aubusson* (par. de Ste-Croix).

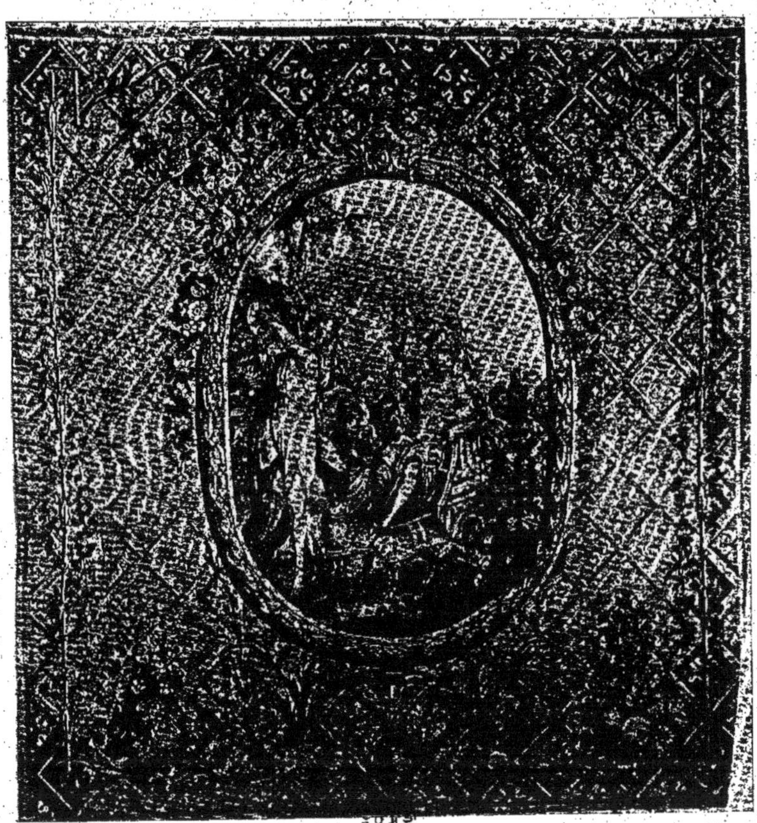

Aubusson (XVIIIe s.)
Le Triomphe de Bacchus
(Hôtel Drouot, vente 1912)

Planche 2

Hôtel Drouot. — Succession de Mlle Lantelme, 18-20 novembre 1912.

No 306. — *Aubusson* Louis XVI. H. : 2m,20; L. : 2m,22; — H. : 2m,20; L. : 2m,07; — H. : 2m,13; L. : 1m,16.

Trois panneaux présentant chacun un médaillon à personnages mythologiques sur fond damassé chargé d'attributs et de guirlandes de fleurs.

Voici la description des panneaux d'après les illustrations du catalogue :

1. Au bord d'une cascade, deux femmes : l'une porte un casque à panache, elle tient un bouclier de la main gauche, une lance, sur laquelle elle s'appuie, de la main droite ; elle a les bras nus et est vêtue d'une jupe ouverte sur le côté droit qui laisse voir les jambes nues ; elle est chaussée de sandales liées au mollet. L'autre femme, tête nue, à jupe ample, tourne la tête vers la première et fait le geste de lui montrer la cascade. Au fond, sur un tertre, à côté d'un bouquet d'arbres, groupe de jeunes femmes dont l'une tient un livre, une autre joue de la lyre.

2. Un vieillard à grande barbe vêtu d'une robe et d'une tunique à franges, un manteau jeté sur l'épaule gauche, tient un livre sous le bras droit ; il étend son bras gauche nu. Une jeune femme à laquelle il parle est assise à côté de lui et le regarde ; elle a les jambes et les bras nus, des vêtements flottants et tient un bâton de bergère dans la main gauche. A côté d'elle, dans des feuillages, un mouton et une chèvre. Au fond à droite, masse de verdure et un édifice à colonnes. Un arbre, très feuillu, occupe la partie gauche, dominant le vieillard. Aux pieds de celui-ci un animal (lion?).

3. Le *Triomphe de Bacchus* (Voir planche 2). Couronné de pampres, portant le thyrse, Bacchus est assis dans un char que traînent deux petits tigres. Une Bacchante, jouant du tambourin, le précède. Quatre enfants, couronnés de pampres, deux jouant de la trompette, entourent le char. Feuillages au premier plan à droite. Un arbre à gauche derrière la Bacchante. Une colline au fond avec des petits personnages. Ce *Triomphe de Bacchus* n'a aucune analogie avec celui décrit plus haut (vente du 14 juin 1912. Casimir Périer).

Ces trois médaillons ont été vendus 70.100 fr. J'ai donné les dimensions dans l'ordre du catalogue et la description dans l'ordre des illustrations. Il n'y a pas concordance entre ces ordres ;

la plus petite largeur (1m,16) est celle du panneau n° 1; la largeur de 2m,07 paraît être celle du *Triomphe de Bacchus.*

Ces tapisseries, qui font partie d'une même suite, sont d'une belle allure décorative. Une bordure, imitation de cadre, cercle les médaillons. L'encadrement présente des guirlandes et des chutes de fleurs souples et très élégantes; dans le panneau n° 2 des attributs de berger à gauche, de jardinier à droite, les complètent. Cette partie décorative est d'une facture supérieure à celle des médaillons, où les têtes, notamment, sont médiocres.

Hôtel Drouot. — Anonyme. 20 novembre 1912.
N° 129. — *Aubusson* fin du XVIIe.

Verdure, présentant des enfants jardiniers dans un paysage avec fond de château. Bordure : entrelacs fleuris sur fond noir. Vendue 1,570 fr.
N° 130. — *Aubusson* XVIIIe.

Verdure présentant une perspective de château dans un parc avec échassier et plantes grasses au premier plan. Bordure : fleurs, fruits et rubans. Vendue 2,580 fr.
N° 131. — *Aubusson* Louis XV.

Chasse à courre avec cavaliers et piqueurs dans un paysage verdoyant. Bordure à rameaux fleuris. Vendue 820 fr.
N° 132. — *Aubusson* commencement XVIIIe.

Chasse au cerf devant un château fort. Bordure roses et fleurs variées sur fond noir. Vendue 905 fr.
N° 133. — *Aubusson* XVIIIe.

Bande de tapisserie en hauteur présentant un arbre avec plantes grasses. Vendue 205 fr.

Hôtel Drouot. — Comte de la Ferrière. 2-4 décembre 1912.
N° 266. — *Aubusson* XVIIIe. H. : 2m,60; L. : 2m,10.

Verdure. Paysage boisé animé de deux oiseaux. Bordure : arabesque et feuillages.

Hôtel Drouot. — Anonyme. 13 décembre 1912.
Aubusson Louis XIV. H. : 2m,68; L. : 3m,33.

Verdure. Grands oiseaux au premier plan, fond de ville. Bordure : chute de fruits, arabesques, fleurs et feuillages, panaches de plume sur fond noir. Vendue 2,400 fr.

Hôtel Drouot. — Anonyme. 16 décembre 1912.
N° 152. — *Aubusson* XVIIIe.

Deux panneaux représentant des scènes de l'histoire ancienne au milieu de paysages avec monuments en ruines. Bordure simulant des encadrements fleuris. Vendue 2,700 fr.

Pau. Lawrance. 17-20 décembre 1912.

Aubusson XVIIIe.

Trois panneaux à petits personnages d'après J.-B. Huet.

N° 195. — *La Balançoire.* H. : 2^m,40; L. : ^{m}1,45.

N° 196. — *Les Vendangeurs.* H. : 2^m,40; L. : 1^m,90.

N° 197. — *Le Traineau.* H. : 2^m,40; L. : 2^m,20.

1913

Hôtel Drouot. — Anonyme. 13 janvier 1913.

N° 93. — *Aubusson* XVIIIe. H. : 2^m,74; L. : 3^m,20.

Paysage présentant un bassin avec jet d'eau entouré d'une haie de verdure avec portique à l'arrière-plan, au centre une pelouse rectangulaire plantée d'ifs et précédée d'un oranger dans une caisse; à droite et à gauche, deux pilastres sur l'un desquels un perroquet est juché. Encadrement à fleurs et oiseaux sur fond jaune. Vendue 5,050 fr.

N° 94. — *Aubusson* XVIIIe. H. : 2^m,80; L. : 2^m,06.

Paysage présentant des constructions au pied d'une colline sur le bord d'un cours d'eau où boivent des échassiers. Encadrement à vases fleuris, chutes et lambrequins. Vendue 3,160 fr.

N° 95. — *Aubusson* XVIIIe. H. : 2^m,70; L. : 1^m,20.

Paysage présentant un château avec pièce d'eau et jardin à la française; au premier plan, volatiles et plantes grasses.

N° 96. — *Aubusson* XVIIIe. H. : 2^m,77; L. : 2^m,59.

Paysage avec rivière, au premier plan à droite un chasseur; à gauche un perroquet perché.

N° 97. — *Aubusson* XVIIIe. H. : 2^m,70; L. : 1^m,32.

Paysage avec un cerf. Bordure de fleurs et feuillages.

N° 98. — *Aubusson* XVIIIe. H. : 2^m,70; L. : 0^m,55.

Paysage avec des constructions et des canards. Bordure de fleurs.

Les n°s 95, 97 et 98 ont été vendus ensemble 2,560 fr.

Hôtel Drouot. — Anonyme. 22 janvier 1913.

N° 90. — *Aubusson* Louis XIV. H. : 2^m,02; L. : 3^m,65.

Tapisserie représentant la *Prise de Rome par les Gaulois* : les sénateurs, assis sur leurs chaises curules, sont attaqués et tués par les vainqueurs. Bordure à fleurs, faisceaux et attributs guerriers. Vendue 525 fr.

Nº 91. — *Aubusson* Louis XIV. H. : 2m,04; L. : 3m,42.

Fragment de tapisserie à grands personnages près d'un char traîné par des bœufs. Vendue 1,350 fr.

Nº 92. — *Aubusson* Louis XIV (pas de dimensions indiquées).

Fragment de tapisserie présentant un roi assis sous un dais entouré de soldats et rendant la justice. Vendue 1,250 fr.

Pérathon a signalé une *Prise de Rome par les Gaulois* de style Louis XIII dans la collection de M. Paul Dubaud, à Aubusson, panneau représentant également l'égorgement des sénateurs (1). Malgré la divergence dans l'indication de l'époque des deux pièces, elles doivent, selon toutes probabilités, avoir été faites sur le même carton.

Hôtel Drouot. — Anonyme. 27 janvier 1913.

Nº 125. — *Aubusson* XVIIe.

Suite de quatre tapisseries à grands personnages, sujets tirés de l'histoire ancienne. Bordure à branches de fleurs sur fond noir et marron. Dimensions variant de 3m,15 à 3m,40, sur 3m,30 à 3m,90. Vendues 2,900 fr.; 2,630 fr.; 2,800 fr.; 2,460 fr.

Mainvilliers-Chartres. Succession de M. Couzinet. 28, 29, 30 janvier 1913.

Nº 332. *Aubusson* XVIIIe.

Bandeau en tapisserie à enroulement de feuillages et de fleurs, terminé par des médaillons à fleurs de lys.

Hôtel Drouot. — Madame C. 29 janvier 1913.

Nº 6. — *Aubusson* XVIIIe. H. : 2m,70; L. : 5m25.

Le *Jeu de la main chaude.* Le catalogue indique que ce panneau est fait d'après Lancret. La photographie montre une élégante composition bien équilibrée par des masses de verdure à gauche et un soubassement de construction à droite; les joueurs sont groupés, au nombre de six, trois femmes et trois hommes, en toilettes élégantes à peu près au milieu du panneau. A droite une bergère avec ses moutons buvant dans un ruisseau. Bordure avec rinceaux de fleurs et coquilles aux angles. Vendue 19,200 fr.

Nº 7. — *Aubusson* XVIIIe. H. : 2m,70; L. : 5m.

(1) *Catalogue*, p. 18.

Scène champêtre. A gauche un pavillon d'où sort un homme portant une corbeille, à côté de lui un chien aboie. Devant le pavillon, à l'abri d'un auvent, un violoneux sur une table. Deux couples dansent. A droite, table servie avec quatre convives. Fond de verdure avec une maison et un cavalier qui passe. Bordure simulant un cadre avec ruban. Vendue 9,750 fr.

N° 10. — *Aubusson* XVIIIe. H. : 2^{m},70 ; L. : 2^{m},40.

Le *Tir à l'arc et enfant sautant à la corde.* Bordure de rinceaux de fleurs et coquilles aux angles. Vendue 8,700 fr.

N° 11. — *Aubusson* Louis XIV. H. : 2^{m},80 ; L. : 3^{m},15.

Composition tirée de l'Histoire romaine. Nombreux personnages. Bordure avec attributs guerriers. Vendue 3,505 fr.

Le catalogue dit que le n° 7 est un « sujet pastoral d'après Téniers ». Cette indication est fantaisiste ; rien dans cette composition ne rappelle l'artiste flamand, il faut y voir une de ces tentures si nombreuses qu'a produites Aubusson au XVIIIe siècle sur des cartons bien français, dont l'inspiration pourrait mieux être demandée, ainsi que le fait le catalogue pour le n° 6, à un artiste comme Lancret.

Un *Jeu de la main chaude* (H. : 1^{m},50 ; L. : 4^{m}) « dans un paysage genre Watteau », de l'époque Louis XV, a été vendu 605 fr. à l'Hôtel Drouot, en février 1892. Le même sujet, traité, semble-t-il, d'une façon très analogue à celle du n° 6 ci-dessus, quant à la composition et à la bordure, a été vendu, à l'Hôtel Drouot, le 31 mars 1898, 3,020 fr. Felletin l'a également fabriqué, toujours au XVIIIe siècle (collection Grellet : H. : 2^{m} ; L. : 2^{m},60) (1). On trouvera une tenture représentant ce sujet, « d'après Huet », à une vente du 21 juin 1913 ci-après.

Au musée de Guéret se trouve un fragment, de très bonne exécution, qui est absolument semblable à la partie gauche du n° 7 ci-dessus, il est coupé au ras du côté gauche du violoneux ; il a été fait sur le même carton. Le catalogue indique à tort qu'« il pourrait bien être de la fabrique de Beauvais » (2). C'est sûrement de l'Aubusson. Au musée de l'Hôtel de ville de Nancy se trouve un panneau absolument semblable au n° 7 ci-dessus. Sa bordure porte la marque M. R. DAVBVSSON. ✠ COLOVDON (1). Cette signature doit être lue *Couloudon* ; il y a eu au XVIIIe siè-

(1) Pérathon, *Catalogue*, p. 58, 93, 157.
(2) G. Monnet, *loc. cit.*, page 11.

cle plusieurs fabricants importants de ce nom. La pénétration des tapisseries marchoises en Lorraine est à étudier; je signale seulement l'établissement à Nancy, en 1734, d'un tapissier d'Aubusson, Jean Bellat, qui y créa une manufacture (2).

Hôtel Drouot. — Anonyme. 7 février 1913.

N° 127. — *Aubusson* XVIIIe. H. : 2m,85; L. : 2m.

Tapisserie représentant une réunion de six personnages dont l'un présente un livre ouvert à un guerrier. Fond de paysage. Vendue 6,010 fr.

N° 128. — *Aubusson* XVIIIe. H. : 2m,70; L. : 4m,35.

Verdure. Décor de parc avec château dans le fond. Au premier plan, ruisseau avec pont et volatiles. Vendue 4,440 fr.

N° 130. — *Aubusson* XVIIe. H. : 2m,40; L. : 3m,60.

Verdure. Parc avec château dans le fond ; paon au premier plan. Bordure de fleurs, fruits et oiseaux. Vendue 3,550 fr.

Hôtel Drouot. — Anonyme. 10 février 1913.

N° 139. — *Aubusson* XVIIIe. H. : 2m,65 ; L. : 4m,20.

Tapisserie présentant au premier plan un cavalier qui sonne du cor, tandis que, non loin de lui, son compagnon, que semblent attendre deux jeunes écuyères, trinque avec un gentilhomme à qui un nègre présente l'étrier. Au second plan, dans un petit pavillon qui fait partie d'une habitation boisée et fleurie, des personnages devisent ou se lutinent. A gauche, des cavaliers se dirigent vers une porte d'enceinte que l'un d'eux va franchir. Lointains clairs. Vendue 31,000 fr.

Hôtel Drouot. — Anonyme. 12 février 1913.

N° 123. — *Aubusson* XVIIe. H. : 2m,27; L. : 4m,50.

Tapisserie à grands personnages, sujet tiré de l'Histoire ancienne. Bordure à feuillages, fleurs et fruits sur fond noir Vendue 2,320 fr.

N° 124. — *Aubusson* XVIIe. H. : 2m,90; L. : 4m,25.

Tapisserie à grands personnages, représentant un festin offert à un guerrier. Bordure à vases de fleurs et oiseaux sur fond noir.

N° 125. — *Aubusson* XVIIe. H. : 2m,25 ; L. ; 2m,75.

(1) Communication faite à M. Autorde, conservateur du Musée de Guéret, par M. R. de Davach, capitaine au 156e d'infanterie à Toul.

(2) Albert JACQUOT. *Essai de répertoire des artistes lorrains* (*Réunion Soc. Beaux arts des Départ.*, 1906, p. 188).

Verdure avec ruisseau. Héron au premier plan. Bordure à fleurs sur fond noir.

Hôtel Drouot. — Succession de Mlle X... 17 février 1913.
No 49. — *Aubusson* Louis XV. H. : 2m,55 ;L. : 2m,75.
Verdure avec oiseaux au premier plan. Bordure de fleurs et rinceaux. Vendue 5,800 fr.
No 50. — *Aubusson* Louis XV. H. : 2m,60 et 2m,50 ; L. : 2m,45 et 2m,10.
Deux verdures avec habitations et oiseaux. Bordure à feuillages. Vendues 9,100 fr.

Hôtel Drouot. — Anonyme. 19 février 1913.
No 6. — *Aubusson.* Renaissance. H. : 2m,90 ; L. : 3m,80.
Tapisserie représentant une scène de camp ; *David se prépare à aller combattre Goliath* ; sur la droite, nombreux guerriers armés de lances ; en arrière, constructions dans les montagnes. Bordure à personnages, cariatides et feuilles sur fond jaune. Vendue 3,005 fr.
No 7. — *Aubusson* Louis XIV. H. : 2m,78 ; L. : 4m,70.
Tapisserie représentant *Judith portant la tête d'Holopherne.* A droite et à gauche des personnages agenouillés remercient le Seigneur ; d'autres entonnent des chants de victoire. Bordure : attributs de guerre sur fond marron. Vendue 2,720 fr.
Nos 8 et 9. — *Aubusson* Louis XIII. H. : 2m,95 et 3,m05 ; L. : 3m,75 et 1m,90.
Deux verdures de la même suite, avec constructions et volatiles. Bordure à réserve de paysage dans des médaillons à volutes parmi des rinceaux de fleurs et de fruits sur fond marron et décors à masques de lions aux angles. Vendus, le no 8, 3,300 fr., le no 9, 2,750 fr.
No 10. — *Aubusson* Louis XIV. H. : 3m, ; L. : 1m,55.
Portière à sujet mythologique présentant deux personnages couronnés de pampres, assis parmi des arbres. Bordure de perles doublée, en haut et en bas, d'une bordure à fleurs et à fruits sur fond noir. Vendus 1,005 fr.
Ces tapisseries provenaient de châteaux du Loir-et-Cher non spécifiés.

On a traité, à Aubusson, le sujet de l'*Histoire de David* dès le XVIe siècle et on le tissait encore au XVIIIe. Le catalogue de l'Exposition rétrospective de Limoges en 1886 mentionne (no 13) un panneau d'Aubusson de la fin du XVIe ou du début du XVIIe, (H. : 2m,80 ; L. : 2m), appartenant à M. Buisson et représentant

David et Bethsabée. Pérathon a signalé plusieurs pièces de cette série du XVIIIe siècle, dont une *(David et Goliath)* figurait à la même exposition (no 24); pour celles fabriqués au XVIIe il a supposé, à raison d'une mention contenue dans l'Inventaire du financier Evrard Jabach qui eut une fabrique à Aubusson, que les cartons en avaient été établis d'après des dessins de « Pierre Koche » (Pierre Coecke, d'Alost) (1).

On trouvera plus loin un *David jouant de la harpe* dans une vente du 17 juin 1913.

La suite de *Judith* a été également fabriquée à Aubusson pendant longtemps. Pérathon a relevé quatre panneaux signés Grellet, probablement du début du XVIIIe s. dans la collection de M. E. Lacroix à Millau (Aveyron); un *Judith et Holopherne* (époque non indiquée) vendu 570 fr. à l'Hôtel Drouot le 20 décembre 1888; une suite en cinq pièces de la fin du XVIIe siècle, à Vic-en-Bigorre (Hautes-Pyrénées) provenant probablement de l'atelier d'un Goubert; une suite en huit pièces, du XVIIIe siècle, vendue 6,250 fr. à l'Hôtel Drouot le 9 mars 1898. *Judith et Holopherne* a peut-être aussi été un des rares sujets à personnages traités par les ateliers de Bellegarde (2).

Hôtel Drouot. — Mesdames X... 21 février 1913.

No 161. — *Aubusson* XVIIIe. H. : 2m,05; L. : 3m,55.

Verdure avec construction et volatiles. Vendue 2,800 fr.

No 162. — *Aubusson* XVIIIe. H. : 2m,28; L. : 3m,78.

Verdure avec échassiers et perspective de châteaux dans le fond. Bordure de cariatides avec bouquets de fleurs, nœuds de rubans et motifs divers. Vendue 2,800 fr.

No 165. — *Aubusson* XVIIIe. H. : 1m,50; L. : 1m.

Portière présentant un oiseau au plumage brillant parmi des arbres sur fond clair. Bordure à succession de rosaces et losanges sur fond marron.

Hôtel Drouot. — Succession de Madame la marquise d'A. 24-26 février 1913.

No 364. — *Aubusson* XVIIe. H. : 2m,70; L. : 4m,20.

L'Enlèvement d'Europe. Bordure à cordons de fleurs, feuillages, oiseaux et rinceaux. Vendue 5,700 fr. (3).

(1) *Catalogue*, p. 40, 54, 166.

(2) *Id.* p. 37, 55, 108, 143, 157.

(3) Ce panneau a peut-être été fait sur un carton inspiré des *Métamorphoses* d'Ovide. (Sur ce genre de sujets, voir plus haut à la présente Chronique).

N° 378. — *Aubusson* XVIIIe. H. : 2^m,60 ; L. : 2^m,20.

Verdure avec arbres exotiques. Bordure à enroulement de cartons de fleurs sur faisceau de baguettes. Vendue 1,450 fr.

N° 379. — *Aubusson* XVIIIe. H. : 2^m,75 ; L. : 3^m40.

Verdure avec bananier, pigeonnier et volatiles. Même bordure que la précédente. Vendue 2,720 fr.

N° 380. — *Aubusson* XVIIIe. H. : 2^m,75 ; L. : 4^m,75.

Verdure avec pagode. Même bordure que la précédente. Vendue, 3,660 fr.

N° 381. — *Aubusson* XVIIIe. H. : 2^m, ; L. : 2^m35.

Verdure avec habitation, pont et cours d'eau. Perroquets, arbres et touffes de fleurs au premier plan. Bordure simulant un cadre à arabesques et fleurons. Vendue 3,910 fr.

Hôtel Drouot. — Anonyme. 21 février 1913.

N° 106. — *Aubusson.* (époque non indiquée). H. : 2^m,30 ; L. : 4^m.

Verdure à décor d'oiseaux, arbres et habitations. Vendue 3,505 fr.

N° 107. — *Aubusson* (époque non indiquée). H. : 2^m,35 ; L. : 4^m.

Tapisserie présentant un motif de personnages mythologiques, signée C. MOSART. Vendue 3,800 fr.

La signature de ce panneau a été probablement mal orthographiée par le tapissier, ce qui n'était pas rare à Aubusson et à Felletin. On ne connaît pas de tapissiers du nom de Mosart, mais on en relève plusieurs à Felletin, au XVIIIe siècle, s'appelant Moussard. Aucun des prénoms de ceux-ci ne commence par la lettre C. On trouve à Aubusson Antoine Moussard, né en 1762, vivant encore en 1789 (1). La pièce signalée doit provenir vraisemblablement d'un des ateliers de Felletin et non d'Aubusson.

Hôtel Drouot. — Succession de Madame L. 3 mars 1913.

N° 56. — *Aubusson* Louis XV. H. 0^m,73 ; L. : 1^m,16.

Fragment présentant deux chasseurs à l'affût. Vendue 700 fr.

N° 61. — *Aubusson* XVIIIe. H. : 2^m,20 ; L. : 3^m,30.

Chasse à courre avec nombreux personnages sur fond de paysages avec ruines. Bordure simulant un cadre enguirlandé de fleurs. Vendue 14,000 fr.

(1) PÉRATHON, *Catalogue*, p. 105. — *Registres paroissiaux d'Aubusson*, Par. de Ste-Croix.

Hôtel Drouot. — Succession de Mlle X. (Morlange). 3-7 mars 1913.

N° 486. — *Aubusson* XVIIIe H. : 2m,40; L. : 2m,35.

Verdure avec oiseau et kiosque. Bordure simulant un cadre. Vendue 3,510 fr.

N° 489. — *Aubusson* Louis XV. H. : 1m,30; L. : 2m,25.

Tapisserie présentant une bergère causant avec un chasseur assis près d'un motif d'architecture; fond de paysage. Bordure de fleurs et de draperies. Vendue 17,150 fr.

Hôtel Drouot. — Après interdiction de Mlle C. 17 mars 1913.

N° 168. — *Aubusson* Louis XV. H. : 2m.; L. : 2m,70.

Chasse au lion dans un paysage oriental, avec habitations et ruines. Bordure simulant un cadre. Vendue 2,050 fr.

N° 169. — *Aubusson* Louis XV. H. : 2m; L. : 2m, 30.

Chasse au cerf de la même suite que la précédente. Vendue 1,760 fr.

Hôtel Drouot. — Anonyme. 17 mars 1913.

N° 184. *Aubusson.* Renaissance.

Bordure de tapisserie à fleurs et rinceaux sur fond rouge.

Hôtel Drouot. — Anonyme. 14 avril 1913.

N° 129. — *Aubusson* Louis XIV. H. : 2m,65; L. : 1m,70.

Tapisserie figurant un personnage en costume d'empereur romain dans un paysage, tenant la boule du monde et le sceptre. Bordure à trophées d'attributs militaires et autres. Vendue 810 fr.

N° 130. — *Aubusson* Louis XV. H. : 2m,25; L. : 1m,70.

La leçon de flûte. Dans un paysage une jeune bergère écoute son compagnon jouer de la flûte; ils sont assis sur un tertre. Auprès d'eux un mouton couché et un chien. Dans le fond pont sur une rivière et habitation. Bordure simulant un cadre à enroulement de fleurs sur faisceau de baguettes et agrafes aux quatre coins.

N° 131. — *Aubusson* Louis XV. H. : 2m,30; L. : 2m,75.

Le *Jeu du cerf volant* (de la même suite que la précédente). Au premier plan, dans un paysage, à droite, une campagnarde assise près de deux arbres, cause avec un villageois tenant une corbeille. A gauche, deux enfants, l'un assis, l'autre debout, tenant la ficelle d'un cerf volant. Deux moutons derrière eux. La campagne est traversée par un petit cours d'eau serpentant dans des rochers; fond d'habitations. Bordure identique à la précédente.

N° 132. — *Aubusson* Louis XV. H. : 2m,35; L. : 3m,65.

Le *Jeu de la Balançoire.* Sur le terrain d'un parc à balustrade quatre enfants, fillettes ou garçons, se balancent sur une planche jetée sur un tronc d'arbre. A gauche, deux jeunes femmes et un petit chien. Au-delà de la balustrade, charmilles en perspective avec bassin et jet d'eau.

N° 133. — *Aubusson* XVIIIe. H. : 2^{m},25; L. : 1^{m},40.

Scène pastorale. Au premier plan, un berger fait danser un petit chien au son de la cornemuse. Un peu plus loin, une bergère assise garde trois moutons. Habitations dans le fond.

Les quatre tentures ci-dessus ont été vendues ensemble 39,600 francs.

Hôtel Drouot. — Anonyme. 18 avril 1913.

N° 127. — *Aubusson* fin XVIIe ou commencement XVIIIe. H. : 2^{m},55; L. : 2^{m},95.

Verdure avec faisans. Bordure à torsade de feuillages fleurie agrémentée de petits oiseaux. Vendue 2,660 fr.

N° 128. — *Aubusson* XVIIe. H. : 2^{m},85; L. : 4^{m},45.

Verdure avec fontaine et balustrade, des perroquets, un chien poursuivant un cerf. Vendue 3,630 fr.

N° 129. — *Aubusson* XVIIe. H. : 2^{m},65; L. : 3^{m},90.

Verdure. Bordure de feuillages fleurs et oiseaux. Vendue 3,100 fr.

N° 130. — *Aubusson* fin XVIIe. H. : 2^{m},30; L. : 3^{m}.

Verdure. Bordure à torsade de feuillages et fleurs. Vendue 2,700 fr.

Hôtel Drouot. — Anonyme. 22 mai 1913.

N°s 1 à 8. — *Aubusson* XVIIIe. Suite de huit tapisseries.

Les divers sujets sont présentés dans des médaillons en réserve sur fond crème décoré d'entrelacs de feuillages, chutes et guirlandes de fleurs, nœuds de rubans, paniers et volatiles; des attributs divers sont placés à droite et à gauche sur des tablettes que supportent des motifs à rinceaux; un ou plusieurs aigles, aux ailes ouvertes, dominent chaque composition.

1. *La Pêche.* H. : 2^{m},83; L. : 2^{m},20.

Trois personnages sur le bord d'un cours d'eau. Dans l'encadrement, un buste et des instruments de dessin, puis un faisceau de carquois, lyre et caducée, avec paniers de fruits.

2. *La Chasse.* — H. : 2^{m},75; L. : 1^{m},30.

Un chasseur tenant une perdrix s'avance vers une jeune femme assise qui tient un chien sur ses genoux; un autre chien à leurs pieds flaire le gibier. Dans l'encadrement paniers fleuris.

3. *Le Colin-Maillard.* H. : 2^{m},90; L. : 3^{m},18.

Un jeune garçon lutine une bergère qui marche les yeux bandés, pendant que deux bambins tombent devant eux parmi les fleurs. Dans l'encadrement attributs variés, houlette, biniou, baril, faucille, etc.

4. *La Balançoire*. H. : 2m,80; L. : 2m,70.

Un berger et deux petits enfants pèsent sur la balançoire, qui enlève une fillette effrayée se cramponnant aux branches d'un arbre voisin. Dans l'encadrement attributs de la guerre et de la musique.

5. *Les Musiciens*. H. : 2m,80; L. : 1m,47.

Une femme portant une guitare et un jeune violoneux passent sur la route. Dans l'encadrement paniers fleuris.

6. *Pastorale*. H. : 2m,90; L. : 1m,80.

Un garçon pique un bouquet dans les cheveux d'une jeune fille assise sur un banc, près d'un mouton. Dans l'encadrement corbeilles chargées de fleurs.

7. *Idylle*. H. : 2m,85; L. : 1m,75.

Un jeune seigneur en habit jaune enlace une femme assise sous un arbre; à terre un chapeau empli de roses.

8. *Sujet galant*. H. : 2m,75; L. : 2m,14.

Un galant est aux pieds d'une jeune femme appuyée contre une suivante qui tient un agneau par un ruban bleu. Dans l'encadrement à gauche un nid de colombes, à droite des instruments de jardinage.

Cette suite a été vendue 220,000 fr.

Nos 9 à 19. — *Aubusson* XVIIe. Suite de onze tapisseries de l'*Histoire d'Alexandre*.

9. Alexandre domptant Bucéphale. H. : 2m,75; L. : 1m,90.

10. La bataille du Granique. H. : 2,m80; L. : 2m,05.

11. Passage du Granique et victoire sur Memmon. H. : 2m,80; L. : 6m,50.

12. La tente de Darius. H. : 2,80; L. : 2m,90.

13. La bataille d'Arbelles. H. : 2m,80; L. : 2m,50.

14. Entrée d'Alexandre à Babylone. H. : 2m,70; L. : 6m,40.

15. Scène allégorique montrant la supériorité de Darius avant la guerre d'Alexandre contre les Perses. H. : 2,80; L. : 1m,90.

16. Alexandre tient le globe dans sa main. H. : 2m,80; L. : 1m,85.

17. La colonne tronquée (allusion à la mort prématurée d'Alexandre) H. : 2m,80; L. : 1m,25.

18. Alexandre couronné de lauriers. H. : 2m,80; L. : 0m,60.

19. Le camp d'Alexandre. H. : 2m,80; L. : 0m,50.

Ces tapisseries ont une bordure de vases fleuris, de trophées guerriers (trompettes, drapeaux, sabres, canons, etc.). Des écussons armoriés, que le catalogue ne décrit pas, les surmontent. La plupart portent la marque de la manufacture d'Aubusson et la signature A. GRELET. Certaines ont encore ce que le catalogue appelle le plomb de fabrication et qui est exactement le plomb de contrôle des jurés gardes. Elles proviennent du château de V. (Haute-Loire). Vendues 35,000 fr.

J'ai rappelé plus haut, à l'occasion des panneaux de l'*Histoire d'Alexandre* passés à la vente des 22-23 décembre 1911, les indications générales déjà données sur cette série. La suite ci-dessus indiquée comporte quelques observations. Le catalogue ne contient pas de description des panneaux, mais la seule illustration qui l'accompagne, celle du n° 14, permet de constater qu'on a là, une fois de plus, la suite établie sur les cartons de Le Brun. Le n° 14 est en effet, absolument semblable au *Triomphe d'Alexandre*, d'après Le Brun, du Musée d'Aubusson, dont j'ai donné une reproduction dans ma précédente chronique. Seulement le panneau n° 14 étant sensiblement plus large que celui du Musée, on y trouve une adaptation plus complète du carton fait pour les Gobelins : il présente à droite le brûle-parfum et le groupe de personnages qui manquent dans l'autre. Ceci posé, il faut constater que notre suite comprend plusieurs panneaux (nos 9, 15, 16, 17, 18, 19) qui ne figurent pas dans les cartons de Le Brun. Sur quels dessins ont été faites ces additions ? Le catalogue de la vente dit que la série a été exécutée « d'après les cartons d'Yvart, René-Antoine Houasse, Licherie et Testelin, sous l'inspiration des tableaux de Le Brun. » Cette affirmation, sans références, ne suffit pas à élucider la question. Les peintres cités sont Baudouin Yvart (1610-1690), René-Antoine Houasse (1645-1710), Louis Licherie (1629-1687), Henri Testelin le jeune (1616-1695). Houasse et Licherie étaient des élèves de Le Brun.

Il est impossible d'identifier le tapissier qui a signé la suite ci-dessus, à raison de la similitude des prénoms de nombreux Grellet s'appelant Annet ou Antoine.

N° 29. — *Aubusson*, commencement du XVIIe. H. : 3m,15; L. : 3m,60.

Tapisserie représentant la *Légende de Pâris* : les trois déesses dans des chars traînés par des chevaux, des cygnes et des paons, descendent des nuées vers le jeune berger endormi. Bordure à réserves, en médaillons, de paysages sur fond marron à rinceaux et feuillages. Vendue 3,305 fr.

N° 30. — *Aubusson* XVIIe. H. : 3^m,10; L. : 1^m,70.

Fragment représentant une scène de l'*Histoire de Cléopâtre.* Bordure à fleurs sur fond noir et double encadrement à rinceaux jaunes. Vendue 850 fr.

Je renvoie, pour l'*Histoire de Cléopâtre,* à ma précédente chronique (1).

N° 31. — *Fellelin* XVIIIe. H. : 2^m,80; L. : 0^m,85.

Portière présentant un oiseau perché au-dessus d'un cours d'eau qui coule parmi des plantes grasses. Construction à l'arrière plan. Bordure à rinceaux de feuillages. Vendue 750 fr.

Hôtel Drouot. — Docteur B. 26 mai 1913.

Aubusson XVIIIe.

Cinq tapisseries de la *Tenture chinoise.*

1. *Le Jardinage.* (Voir planche 3). H. : 2^m,98; L. : 4^m,68.

Dans un vaste jardin s'élève à gauche, un grand kiosque protégé par des stores gris. Au centre, une jeune femme debout, vêtue d'une robe jaune et d'un manteau bleu à larges plis que serre une ceinture rouge; elle a sur la tête un turban rouge garni de plumes. Un jardinier, appuyé sur son râteau, s'incline devant elle. A gauche, au premier plan, un Chinois assis, vêtu d'un manteau rouge et coiffé d'un chapeau de paille; à ses pieds un jeune femme, en robe bleue, appuie la tête sur les genoux de son compagnon. Un autre jardinier, en robe brune, greffe un arbre. Au second plan, un Chinois, dans le kiosque, contemple la scène.

2. *Chinoise aux oiseaux.* H. : 2^m,92; L. : 1^m,60.

Au bord d'un ruisseau parmi des feuillages, sous un arbre portant un perroquet multicolore, une jeune Chinoise appuie le bras droit sur une cage. Elle est vêtue d'un mantelet brun et d'une tunique rouge autour desquels s'enroule une écharpe bleue. Elle tend l'index de la main gauche à un oiseau qui vient s'y poser. Deux oiselets sur un perchoir derrière elle.

3. *Bergère chinoise conduisant un troupeau de moutons.* H. : 2^m,92; L. : 2^m,90.

Dans un paysage, parmi les bouquets d'arbres et les plantes fleuries, une bergère entourée de moutons et de chèvres, écoute un jeune Chinois assis, à gauche, au pied d'un arbre, jouant de la flûte. La tête couverte d'une coiffure à palmes, elle s'avance,

(1) *Bull. Soc. archéol. et hist. du Limousin,* tome LXIII, p. 241, 242; tirage à part, p. 15, 16 et l'illustration.

vêtue d'un manteau bleu et d'une robe brune à ramages serrée au-dessus des chevilles. Elle a sur la poitrine une collerette de plumes. Elle tient du bras droit un panier et de la main gauche un bâton appuyé sur l'épaule, au bout duquel se balance une gourde. Dans le lointain pagode à plusieurs étages.

4. *La mouture du riz*. H. : 3m,05 ; L. : 1m,29.

Près d'un palmier un artisan chinois coiffé d'un chapeau de paille qui abrite une partie de son visage, vêtu de rouge et de bleu, tient de la main gauche la partie supérieure d'un réceptacle qui enferme du riz et le moud de la main droite.

5. *Le retour de la pêche*. H. : 2m,85 ; L. : 3m,85.

Au premier plan, sur un lac, vogue une barque dont le mât supporte deux voiles. A l'arrière, une femme debout, vêtue d'une robe brune, d'un manteau bleu et d'une ceinture rouge, soutient un enfant en robe rouge assis sur la cabine treillagée de l'embarcation, accroupi au pied du mât se tient un jeune Chinois. Le batelier, vieillard coiffé d'un large chapeau de paille, vêtu d'une robe violette et d'un manteau bleu, dirige la barque avec un aviron. A l'avant, une Chinoise au manteau bleu et rouge tient un très gros poisson. Sur le débarcadère, un^ jeune femme s'abrite sous le parasol que tient un Chinois vêtu d'un long manteau rouge. Celui-ci, le genou et la main gauche appuyés au rebord d'une vasque d'où jaillit un jet d'eau, se penche vers sa compagne. Dans le lointain, sur l'autre rive, une pagode dans un paysage boisé.

Ces tapisseries sont à fond blanc ; elles ont toutes la même bordure simulant un cadre. Elles ont été vendues 131,000 fr.

Deux autres panneaux isolés et une autre suite de la *Tenture chinoise* ont passé en vente à l'Hôtel Drouot en 1913 (succession de Madame D. (Delizy), 17-19 novembre ; Madame de B. 5-6 décembre). Pour les présenter en même temps que la série vendue le 26 mai, j'abandonne l'ordre chronologique du dépouillement. Les catalogues de ces deux ventes ne contiennent pas de description des pièces ; celle qui suit est faite d'après les illustrations ; le quatrième panneau de la vente des 5-6 décembre n'est pas figuré dans les planches.

Vente des 17-19 novembre 1913. *Aubusson* Louis XV.

1. *Le Thé*. H. : 2m,45 ; L. : 6m,70.

Ce grand panneau est, dans sa partie droite, absolument semblable au panneau du *Jardinage*, nº 1 de la vente du 26 mai 1913 ci-dessus ; c'est la reproduction du même dessin qui forme un peu moins de la moitié de la tenture. La partie gauche représente une autre scène qui peut exactement être appelée *Le Thé*. A gauche, le breuvage chauffe sur un vaste fourneau; un Chinois en verse dans un bol; près de lui, un tas de bois, un enfant couché. Un petit serviteur apporte un pot de thé à ses maîtres, homme et femme, assis autour d'une table et qu'un autre serviteur abrite avec un parasol. Abondant décor d'arbres et de plantes fleuries; sur la gauche un rocher avec un kiosque au sommet.

2. *La Pêche*. H. : 2m,50; L. : 2m,70.

Panneau absolument semblable au nº 5 de la vente du 24 mai 1913 ci-dessus, mais il est sensiblement moins large et ne comprend pas la partie droite du carton, le groupe de l'embarcadère; il ne reproduit que les marches de celui-ci et, pour que la composition ne soit pas trop vide de ce côté, on a ajouté un arbre qui atteint presque le sommet de la tenture.

Ces deux pièces n'ont pas de bordure; elles ont été vendues la 1re, 35,100 fr., la 2e, 12,300 fr.

Vente des 5-6 décembre 1913. *Aubusson* Louis XV.

1. *La toilette de la Sultane*. H. : 2m,36; L. : 3m,44.

A peu près au milieu du panneau, la Sultane est assise, entouré de ses suivantes dont l'une tient un parasol. A droite un kiosque à stores dont la partie inférieure présente des claire-voies. A côté du kiosque, groupe de trois Chinois; l'un a une grande palme à la main, un autre cueille des fleurs. A l'extrémité droite un grand vase sur un pied à claire-voie contient une plante fleurie. Décor de jardin avec arbres exotiques et bambous.

2. *Le Retour de la chasse*. H. : 2m,26; L. : 1m,98.

Le chasseur, coiffé d'un large chapeau, portant son arc et un carquois auquel est suspendu un oiseau, s'approche d'un kiosque treillagé sur le rebord duquel un singe est perché. Au pied du kiosque, contre une barrière de jardin, la sultane, en robe à ramages, est assise. Autour d'elle trois femmes dont l'une tient un perroquet et deux enfants qui jouent. A gauche, une femme fait passer une cage à un serviteur juché sur le kiosque. Décor de plantes fleuries et palmier.

3. *L'Oiseleur*. H. : 2m,26; L. : 1m,98.

La sultane, vêtue d'un grand manteau, examine l'oiseau que lui présente un marchand; un serviteur tenant un parasol fermé, une suivante tenant un parasol ouvert sont à côté d'elle. Au premier plan, un Chinois accroupi à côté d'une cage sur laquelle sont des oiseaux. A l'arrière plan un dais auquel une cage est suspendue. Décor de vastes tentes et d'arbres.

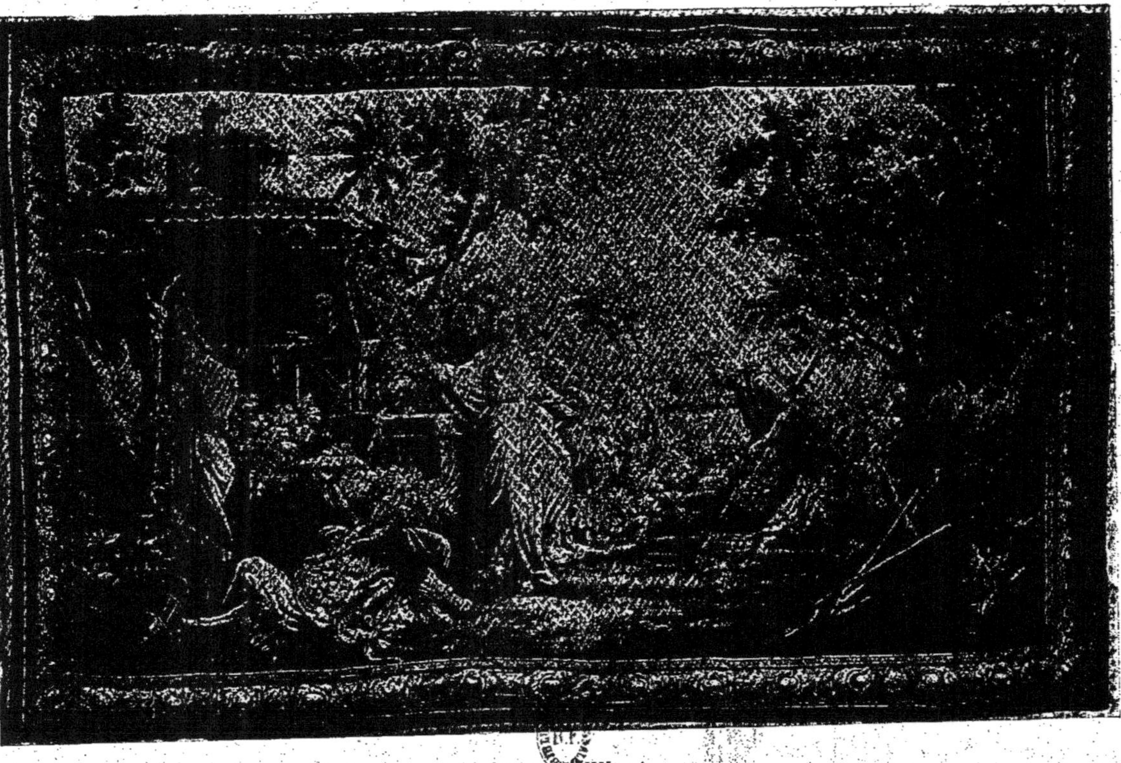

Aubusson (XVIIIe s.)

Le Jardinage (de la Tenture chinoise)

(Hôtel Drouot, vente du 26 mai 1913)

Planche 3.

4. *La Pêche*. H. : 2m,27 ; L. : 1m,65.

Les quatre panneaux ont des bordures à rinceaux de fleurs et feuillages ; rocailles. Ils ont été vendus le 1er, 15,550 fr., le 2e, 14,600 fr., le 3e, 11,050 fr., le 4e, 4,550 fr. ; en tout 45,570 fr.

La Tenture chinoise a fait l'objet d'une étude très complète de M. Marquet de Vasselot, conservateur-adjoint au Musée du Louvre, dans le catalogue de la collection Martin Le Roy, qu'il a rédigé (1).

Cette collection comprend trois pièces de la *Tenture chinoise* fabriquée à Aubusson.

Le Thé (H. : 2m,31 ; L. : 2m,94) c'est la reproduction de la partie gauche du no 299 de la vente des 17-19 novembre 1913, avec cette différence qu'à gauche de la dame assise, il y a un perroquet sur un perchoir et deux enfants assis.

Le Jardinage (H. : 2m,31 ; L. : 2m,88), exacte reproduction du no 1 de la vente du 26 mai 1913. Ces deux panneaux ne diffèrent de la partie droite du no 299 de la vente des 17-19 novembre 1913 que par la présence d'un personnage accoudé sur la balustrade du kiosque.

Le Retour de la Pêche (H. : 2m,35 ; L. : 2m,95). Même agencement que celui des panneaux des ventes des 26 mai et 17-19 novembre 1913, mais l'embarcadère, à droite, n'est figuré que par les deux marches ; le seul personnage qui y soit placé est l'enfant portant le parasol ; il n'y a pas d'homme à côté de lui.

Ces trois panneaux n'ont pas de bordure ; ils proviennent de la vente Oppenheim (avril 1877).

M. Marquet de Vasselot en a rapproché d'autres exemplaires ; d'abord ceux décrits par Pérathon (2), appartenant à M. Paul Solanet, à Saint-Geniez d'Olt (Aveyron), comprenant le *Thé*, le *Jardinage* (que Pérathon appelle *Scène galante*) et qui, toujours avec des différences de détail et des simplifications, ont été tissés sur les mêmes cartons que les panneaux ci-dessus étudiés ; la collection Solanet contient, en outre, une *Mouture du riz*, (qui doit ressembler au no 4 de la vente du 26 mai 1913) et une *Bergère chinoise conduisant un troupeau de moutons*, qui, d'après la des-

(1) J. Marquet de Vasselot, *Catalogue raisonné de la collection Martin Le Roy*. Tapisseries, p. 85 et suiv., Paris, 1908, (in-fo avec planches).

(2) *Catalogue*, p. 38, 39.

cription de Pérathon, paraît identique au n° 3 de la même vente. Ces quatre pièces ont, sur une hauteur uniforme de 2m,50, les largeurs de 2m,35, 1,m90, 0m,75 et 1m,60.

Une suite a passé en vente à l'Hôtel Drouot, le 21 décembre 1906, comprenant : *Le Thé* (en deux morceaux), *Le Jardinage, La Pêche, Le Joueur de flûte* (au pied d'un arbre, un Chinois joue de la flûte, un enfant l'écoute), *La Surprise du pêcheur* (au bord d'une rivière, près d'un kiosque, un vieillard barbu vient de lever son filet ; un serpent, qu'un enfant tient dans sa main, s'en est échappé et paraît causer une frayeur au vieux pêcheur.) Ces pièces ont une hauteur uniforme de 2m,75 et des largeurs de 2m,75, 2m,70, 3m,40, 1m,25 et 1m,10.

M. Marquet de Vasselot signale encore une suite, dont la composition n'est pas indiquée, chez Madame Jay, à Francfort-sur-le-Mein, et un *Retour de pêche*, chez M. Georges Hersent, à Paris, et il rapproche de toutes ces tapisseries une autre série d'Aubusson, passée en vente, à l'Hôtel Drouot, le 5 mai 1905, comprenant les tentures à sujets chinois qui suivent : 1. *l'Audience impériale*; 2. le *Divertissement* (ou, plus exactement la *Danse Chinoise*); 3. les *Oiseleurs* ou la *Chasse chinoise*; 4. le *Marchand d'oiseaux* ou la *Foire chinoise*; 5. la *Pêche à la ligne*; 6. la *Chasse à l'arc*; 7. la *Mouture du riz*. Il indique que, de cette même série, on trouve : chez M. Alfred Lacaze, à Paris, l'*Audience impériale*; le *Divertissement* (en deux pièces), la *Chasse* (moitié gauche), le *Marchand d'oiseaux* et une variante de la *Chasse à l'arc*, à six personnages ; chez le M. comte Lefebvre de Behaine, à Paris, l'*Audience impériale*, le *Divertissement*, agrandi par l'adjonction du *Marchand d'oiseaux*, la *Mouture du riz*, la *Pêche à la ligne*, plus la *Toilette dans un parc*, tenture à neuf personnages, dont M. Marquet de Vasselot ne connaissait pas de réplique, mais qu'on peut, maintenant, rapprocher du n° 1 de la vente des 5-6 décembre 1913.

Ajoutons que Pérathon a également signalé (1) :

1° Quatre « sujets pseudo chinois », de la collection Braquenié, le *Déjeuner*, le *Pêcheur*, la *Volière*, le *Pavillon* (H. : 2m,60; L. : 5m,10; 1m,80; 2m,30; 1m,70), avec bordure Louis XV, en tons d'or, rehaussée de cabochons alternativement bleus et rouges.

2° Cinq « chinoiseries », appartenant à M. Tual (le *Moulin à*

(1) *Catalogue*, p. 48 et 139.

café, la *Bergerie*, le *Jardinage*, le *Perroquet*, la *Partie de pêche*, XVIIIe siècle, dimensions non indiquées).

Avec les pièces des ventes de 1913 plus haut signalées, nous groupons plus de cinquante exemplaires du même type fabriqué à Aubusson au XVIIIe siècle.

Par un hasard heureux et rare, on connaît l'auteur de partie, au moins, des cartons de la *Tenture chinoise*; on les avait, autrefois, attribués à Leprince; ils sont de Boucher. Bien mieux, on possède les peintures, ou au moins une partie des peintures de l'illustre artiste sur lesquelles furent établis les cartons; elles se trouvent au Musée de Besançon, à qui elles furent léguées par l'architecte Paris (mort en 1819), qui les avait acquises à la vente du cabinet du financier Bergeret; ce sont de petites toiles d'une hauteur uniforme de $0^m,40$ et de largeur variant entre $0^m,64$ et $0^m,20$ (1).

Les neuf compositions qu'a recueillies le Musée de Besançon avaient été faites par Boucher en 1742, pour être reproduites par la manufacture de Beauvais, où, dès qu'il en fut directeur, son ami Oudry avait sollicité sa collaboration (2). Voici les sujets de ces compositions : 1. *Audience de l'empereur de la Chine*; 2. *Festin de l'empereur de la Chine*; 3. *Mariage chinois*; 4. *Chasse chinoise*; 5. *Pêche chinoise*; 6. *Danse chinoise*; 7. *Foire chinoise*; 8. *Curiosité chinoise*; 9. *Jardin chinois*.

Il semble que ces toiles ne constituent pas toute la série peinte par Boucher; en tous cas, on ne peut pas y faire entrer tous les sujets des tentures chinoises d'Aubusson (3). Toutefois il est hors de doute que des cartons de Boucher ont servi de modèles à Aubusson. Ce que dit M. Marquet de Vasselot sur leur mode d'utilisation est parfaitement exact; suivant l'habitude de nos ateliers,

(1) *Inventaire général des richesses d'art de la France*, Province, Monuments civils. Musées de Besançon.

(2) Sur Boucher, peintre de tapisseries, voir G. KAHN, *Boucher*, (Les Grands artistes, Paris, Laurens), p. 47 et suiv.

(3) Pour établir la liste exacte des sujets chinois traités à Aubusson et leur rapport précis avec les compositions de Boucher, il faudrait une documentation iconographique absolument complète qui fait défaut. La diversité des appellations, leur imprécision parfois compliquent la difficulté. M. Marquet de Vasselot a traité la question aussi complètement qu'il a pu et relevé, comme fait à Aubusson, sur les modèles de Boucher : *La Chasse*, le *Retour de la pêche*, *l'Audience*, *La Danse*, *la Foire*.

les peintres locaux qui avaient ces charmants modèles sous les yeux, les ont modifiés en les simplifiant, en les juxtaposant, en les réduisant, en ajoutant certains détails, mais, dans l'essentiel de l'agencement, les tentures chinoises que nos tapissiers ont faites peuvent bien être dites « d'après Boucher », (1) et elles comptent parmi leurs plus jolies séries. Les seules tentures chinoises signées portent le nom de Picon, qui est vraisemblablement Pierre Picon de Laubard, un des meilleurs fabricants du XVIIIe siècle; n'oublions pas, cependant, que les modèles officiels étant à la libre disposition de tous les fabricants, d'autres ateliers que celui de Picon ont dû tisser la *Tenture chinoise.*

Hôtel Drouot. — Anonyme. 28 mai 1913.

N°s 141 à 144. — *Aubusson* XVIIIe.

Suite de quatre verdures présentant de grands oiseaux, des habitations, des kiosques, des plantes fleuries, des cours d'eau et de la végétation. Bordure simulant des cadres.

H. : 3,^{m}55 ; L. : 3^m,20 ; 4^m, ; 4^m ; 5^m,05.

Vendues 4,100 fr. ; 7,100 fr. ; 7,600 fr. ; 8,000 fr.

Galerie Georges Petit. — Succession de M. X. (Beer). 29 mai 1913.

N° 79. — *Aubusson* Louis XV. H. : 1^m,80 ; L. : 1^m,95.

Jeux d'enfants ; fond de paysage avec habitation.

N° 80 à 83. — *Aubusson* Louis XVI.

Suite de quatre tapisseries.

N° 80. — H. : 2^m,58 ; L. : 3^m,85.

Un vieillard debout dans la campagne enseignant la musique à un berger assis près de lui ; autour d'eux, un groupe de personnages écoutant ; au fond, des ruines.

N° 81. — H. : 2^m,58 ; L. : 1^m,85.

L'Amour et Vénus dans un paysage.

N° 82. — H. : 2^m,58 ; L. : 1^m,10.

(1) On en aura la preuve en comparant le *Retour de la chasse* de la vente des 5-6 décembre 1913 (planche 6) avec la reproduction de la *Chasse chinoise* que contient le livre de M. G. Kahn. La composition de Boucher a été coupée presque à la moitié; le paysage, les lointains ont été supprimés; on n'a gardé que le groupe compact des personnages, mais il est fidèlement reproduit. Bien entendu, la composition est inversée dans la tapisserie; ce qui est à droite dans le tableau est à gauche dans la tapisserie (la même observation a été faite par M. Marquet de Vasselot pour le *Retour de la pêche).* C'est la conséquence du procédé de travail en basse-lisse.

Sujet mythologique à cinq personnages dans un motif d'architecture avec brûle-parfums.

N° 83. — H. : 2m,58; L. : 1m,15.

Autre sujet mythologique à plusieurs personnages près d'un motif d'architecture avec inscription et date 1791.

Deux de ces tapisseries sont signées F. BORY AINE.

Ni les listes de Pérathon, ni les registres paroissiaux, ni aucun autre document ne donnent, soit pour Aubusson, soit pour Felletin, de tapissiers du nom de Bory. Je crois qu'il y a eu erreur de lecture de l'inscription, ou, ce qui est très possible, lecture exacte d'une inscription contenant une intervertion de lettres et qu'il faut lire la signature F. *ROBY* AINE. Cette signature serait alors celle d'un membre d'une famille aubussonnaise qui a fourni, au XVIIIe siècle, de nombreux artistes, dont plusieurs étaient à la fois peintres et tapissiers; il y a eu précisément un François Roby dit l'aîné, qui fut suppléant du peintre de la manufacture Du Mons et professeur aux écoles de dessin (1). Il ne faut pas oublier qu'on trouve fréquemment dans les tapisseries marchoises des inscriptions présentant des lettres retournées ou interverties, ce qui s'explique de la manière suivante : sur les métiers de basse-lisse, employés dans nos ateliers, l'ouvrier qui a son dessin au-dessous de la chaîne et fait sa tapisserie à l'envers, reproduit le dessin inversé; cela rend facile des erreurs presque machinales dans les inscriptions qu'il faut tisser à l'envers.

Hôtel Drouot. — Anonyme. 17 juin 1913.

N° 184. — *Aubusson* XVIIe (dimensions non indiquées).

David jouant de la harpe.

(Voir plus haut des indications sur les séries de *David*, à propos d'une vente du 19 février 1913.)

Hôtel Drouot. — Anonyme. 21 juin 1913.

Aubusson XVIIIe. H. : 2m,90; L. : 1m,85.

Verdure avec cascade et oiseaux multicolores. Kiosque dans le lointain clair. Bordure simulant un cadre. Vendue 7,750 fr.

Hôtel Drouot. — Anonyme. 6 novembre 1913.

N° 102. — *Aubusson* fin Louis XV. H. : 5m,90; L. : 2m.

(1) PÉRATHON, *Notes sur quelques artistes aubussonnais, Mém. Soc. Sc. natur. et archéol. de la Creuse*, t. VI, p. 240.

Tapisserie à petits personnages représentant le *Retour de la pêche*, d'après Huet. Vendue 6,000 fr.

N° 103. — *Aubusson* fin Louis XV. H. : 2m,45; L. : 1m,95.

Les Bergers, d'après Huet. Trois personnages sur le bord d'un cours d'eau dans un paysage à fond clair dominé par des ruines et encadré d'arbres. Vendue 7,800 fr.

N° 104. — *Aubusson* fin Louis XV. H. : 2m,54; L. : 1m,85.

Le Jeu de la Main chaude, d'après Huet. Une jeune femme assise entourée de trois jeunes gens et jouant à la main chaude dans un verger fleuri, près d'une porte donnant sur la campagne. Au premier plan, ustensiles de jardinage parmi des plantes grasses. Vendue 14,000 fr.

(Voir sur ce sujet la vente du 29 janvier 1913 ci-dessus.)

Hôtel Drouot. — Succession de Madame de Basily-Gallimaki, 12-13 novembre 1913.

N° 250. — *Aubusson* XVIIe. H. : 2m,70; L. : 1m,70.

Pastorale à trois petits personnages; habitation, aqueduc cours d'eau.

N° 251. — *Aubusson* XVIIIe. H. : 2m,10; L. : 0m,50.

Panneau étroit d'entre-deux, présentant un trophée d'attributs divers suspendu par un ruban entre deux guirlandes de fleurs; bouquet de fleurettes à la base. Fond gris simulant le damas.

Hôtel Drouot. — Succession de Madame Dalizy. 17-19 novembre 1913.

Nos 295 à 298. — *Aubusson* Louis XIV.

Suite de quatre verdures avec châteaux, cours d'eau, oiseaux, etc. Bordures à fleurons, fleurs et fruits.

H. : 2,m75; L. : 2m,45. Vendue 3,900 fr.
H. : 2m,90; L. : 2m,30. Vendue 3,900 fr.
H. : 2m,80; L. : 1m,75. Vendue 1,710 fr.
H. : 2m,62; L. : 1m,30. Vendue 1,710 fr.

Nos 299, 300. — *Aubusson* Louis XV.

Deux panneaux de la suite des Chinois.

(Voir plus haut à la vente du docteur B. 26 mai 1913.)

Hôtel Drouot. — Anoyme. 26 novembre 1913.

N° 114. — *Aubusson* Louis XIV. H. : 2m,35; L. : 1m,05.

Verdure avec oiseau. Bordure à ruban, fleurs et feuillages.

N° 115. — Aubusson XIV. H. : 2m,35; L. : 1m,25.

Verdure avec château. Bordure à rinceaux, fleurs et fruits.

N° 116. — *Aubusson* Louis XIV. H. : 2m,60; L. : 3m,60.

Verdure avec un canard au bord d'un ruisseau. Bordure à arabesques et feuillages.

Nº 121. — *Aubusson* Louis XIV. H. : 2m,90 ; L. : 2m,60.

Verdure en deux parties. Fontaine avec jet d'eau ; perroquet perché sur une balustrade. Bordure à fleurs et fruits.

Hôtel Drouot. — Anonyme. 28 novembre 1913.

Nº 127. — *Aubusson* Louis XIV. H. : 2m,10 ; L. : 2m,25.

Verdure avec, au centre, un oiseau sur un tronc d'arbre ; à gauche deux sapins et une maison ; château dans le fond. Vendue 1,496 fr.

Nº 128. — *Aubusson* Louis XIV. H. : 2,65 ; L. : 2m,85.

Verdure avec cours d'eau, pont, château et village ; grands oiseaux au premier plan. Bordure à fleurs avec fleurons aux angles. Vendue 3,500 fr.

Nº 129. — *Aubusson* Louis XIV. H. : 2m,70 ; L. : 4m,90.

Verdure de la même suite que la précédente et même bordure. Dans un paysage maritime, un chien en arrêt devant un faisan ; vue de ville vers la gauche. Vendue 5,755 fr.

Nº 130. — *Aubusson* XVIIIe. H. : 2m,55 ; L. : 3m,36.

Verdure avec habitation, cours d'eau et fontaine ; un chien en arrêt devant un faisan. Vendue 14,000 fr.

Nº 131. — *Aubusson* XVIIIe. H. : 2m,55 ; L. : 5m,35.

Verdure de la même suite que la précédente. Château avec terrasse ; deux chiens poursuivant un lièvre. Vendue 14,100 fr.

Nº 133. — *Aubusson* Louis XIV. H. : 1m,70 ; L. : 1m,15.

Groupe de deux cavaliers et d'un valet de chien partant pour la chasse.

N 134. — *Aubusson* Louis XIV. H. : 2m,05 ; L. : 1m,35.

Fragment de verdure avec un oiseau perché dans un petit temple à colonnes en ruines.

Les nos 133 et 134 ont été vendus ensemble 1,380 fr.

Nº 136. — *Aubusson* XVIIIe H. : 1m,92 ; L. : 1m,50.

Pastorale à trois personnages. Vendue 4,200 fr.

Nº 137. — *Aubusson* XVIIIe H. : 2m, ; L. : 1m,30.

Pastorale. Berger et bergère avec chien et mouton. Vendue 4,100 fr.

Nº 138. — *Aubusson* XVIIIe. H. : 2m,20 ; L. : 1m,60.

Verdure vendue 2,005 fr.

Hôtel Drouot. — Madame de B. 5-6 décembre 1913.

Nº 254. — *Aubusson* Louis XV.

Suite de quatre tapisseries à sujets chinois.

(Voir plus haut à la vente du docteur B. 26 mai 1913.)

N° 255. — *Aubusson* fin XVIIIe.

Suite de quatre tapisseries, « d'après des cartons de L. C. Boilly et autres, représentant les *Quatre Eléments.* » Bordure de draperies enguirlandées de fleurs, simulant des cantonnières.

A) L'air. H. : 2m,14. ; L. : 1m,30.

Dans un paysage avec moulin à vent, une jeune femme est debout, coiffée d'un chapeau et tenant un perroquet sur sa main gauche; auprès d'elle, deux Amours, l'un près d'une cage vide, l'autre tenant la corde d'un cerf-volant.

B) Le feu. H. : 2m,14; L. : 1m,28.

Une jeune femme debout, drapée, tenant un feuillet dans un parc, auprès d'un autel de marbre, sur lequel brûle le feu sacré que vient d'allumer un Amour; un autre, voletant dans l'air, tenant une torche enflammée, se dirige vers la jeune femme.

C) L'eau. H. : 2m,15; L. : 1m,46.

Debout dans un paysage accidenté, une jeune fille coiffée d'un large chapeau à plumes ; à ses pieds un vase renversé d'où s'échappe de l'eau qui se déverse dans un ruisseau formé par l'onde d'une cascade jaillissant d'un rocher. Deux Amours : l'un présente un nid à la jeune femme, l'autre joue avec un moulin à eau près d'une écrevisse.

D) La Terre. H. : 2m,16; L. : 1m,49.

Une jeune femme est debout dans un paysage accidenté, auprès d'un mur bas sur lequel elle vient de poser une corbeille de fleurs. Deux Amours à gauche sont occupés à réparer une charrue. Au second plan, habitation.

Cette suite a été vendue 24,050 fr. Je n'en connais pas d'autres exemplaires.

Hôtel Drouot. — Succession de Madame la duchesse de B. 8-9 décembre 1913.

N° 133. — *Aubusson* Louis XV.

Suite de quatre tapisseries, d'après les cartons de Lacroix ou de Joseph Vernet, représentant des paysages maritimes animés de personnages en costumes orientaux.

A) L'Arrivée au port. H. : 2m,39; L. : 4m,85.

Motif d'arbres et de rocher au premier plan à gauche. Au fond la mer avec constructions au pied d'une falaise boisée. La barque, contenant plusieurs personnes, aborde, la voile abattue, le môle à droite. Sur l'escalier du môle un chien et deux personnages. A droite architecture à portique et arbre.

B) Le Naufrage. H. : 2m,29 ; L. : 4m,73.

A gauche rochers sur lesquels déferle la mer. Sur le sable, au premier plan, deux personnages s'appuient sur des tonneaux ; le fond de l'un de ces tonneaux porte l'inscription en lettres retournées et entrelacées OՃ ; au-dessous NI et la date 1776. Six hommes tirent une barque sur le rivage. A droite un vaisseau s'échoue sur un écueil. A l'arrière plan des constructions et un phare.

C) Les Marchands au quai. H. : 2m,47 ; L. : 2m,53.

A gauche trois hommes fumant autour de tonneaux dont l'un porte l'inscription indiquée à la pièce ci-dessus ; à droite groupe d'hommes et de femmes. Fleurs au premier plan. Au fond, la mer avec des vaisseaux.

D) Le Départ de la caravelle. H. : 2m,37 ; L. : 2m,37.

A gauche, au premier plan, groupe de trois personnages assistant au départ sur un rocher qui surplombe la mer et que domine un arbre. A droite, au premier plan, la caravelle vue jusqu'à son milieu. Au fond la ville et le port.

Cette suite a été vendue 56,300 fr.

(Sur les marines inspirées des gravures de Joseph Vernet, voir plus haut vente des 29-30 janvier 1912. Lacroix (N.) est un élève de Vernet mort vers 1770).

Hôtel Drouot. — Anonyme. 15 décembre 1913.

No 121. — *Aubusson* Louis XV. H. : 2m,25 ; L. : 5m,65.

Verdures avec petit temple et château en ruines ; pièce d'eau sur laquelle sont des barques ; au centre et à droite vaches et moutons paissant.

No 122. — *Aubusson* Louis XV. H. : 3m,15 ; L. : 5m,40.

Sujet tiré de *Télémaque* et représentant *Calypso dans l'île d'Ogygie, charmant Ulysse.* Bordure simulant un cadre en bois doré à baguettes ornées d'oves et enguirlandées de fleurs. En bas la marque d'Aubusson et la signature GOVBERT.

On connaît quelques pièces d'Aubusson représentant l'*Histoire de Télémaque* (1) :

1o *Les Adieux de Télémaque et d'Idoménée,* XVIIIe siècle, signé de l'un des Vitrat (coll. Barraillier, à Pau).

(1) Pérathon, *Catalogue,* p. 42. — Dujarric-Descombes, *Les Tapisseries marchoises en Périgord* (Limoges, 1898) p. 10, *Arch. Creuse,* E. suppl., 74, 75. H. 2, 3.

2° Une suite en six pièces au château de Fayolle (Dordogne).

3° Le livre de compte des frères Goubert, des ateliers de qui a dû sortir la pièce ci-dessus décrite, mentionnent le *Naufrage de Télémaque* en 1787, et toute l'*Histoire de Télémaque*.

Les frères Goubert ont eu un atelier très important qui paraît avoir beaucoup produit dans la seconde moitié du XVIIIe siècle.

Pau. Succession Nitot. 16-19 décembre 1913.

N° 193. — *Aubusson* XVIIIe. H. : 2m,65 ; L. : 2m,75.

Panneau représentant une épisode de la *Guerre de Troie*, à grands personnages.

Je ne connais pas d'autres pièces de cette suite.

Meubles

1912

Hôtel Drouot. — Anonyme. 25 janvier 1912.

N° 115. — Mobilier de salon (un canapé, huit fauteuils), bois sculpté et doré, de genre Louis XVI, couvert en tapisserie d'Aubusson, à décor de personnages et de sujets tirés des *Fables de La Fontaine*, dans des encadrements de fleurs et de guirlandes. Vendu 5,100 fr.

Bordeaux. Anonyme. 29-30 janvier 1912.

N° 149. — Mobilier de salon (un canapé, long. : 1m,50 et quatre fauteuils), couverts en tapisserie d'Aubusson, refaits au milieu, bois dorés modernes. Les dossiers représentent dans des encadrements de fleurs les *Jeux d'enfants* (sur le canapé le *Colin Maillard*) ; sur les sièges, paysages avec volatiles et animaux.

Hôtel Drouot. — Anonyme. 11-12 mars 1912.

N° 211. — Mobilier de salon (un canapé, long. : 1m,68, et six fauteuils, larg. : 0m,57), bois sculpté peint blanc, couvert en tapisserie d'Aubusson Louis XVI. Aux dossiers, des *Jeux d'enfants* dans un encadrement de draperies (sur celui du canapé, deux couples dansant et un joueur de musette, son chien à ses pieds) ; aux sièges, animaux avec feston de fleurs et draperies. Vendus 16,120 fr.

Hôtel Drouot. — Madame E. T.... 20 mars 1912.

N° 13. — Mobilier de salon (un canapé, long. : 1m,60, et six fauteuils, larg. : 0m,66) couvert en tapisserie d'Aubusson Louis XV. Aux sièges et aux dossiers, des oiseaux dans des paysages au centre d'encadrements à rocailles, arabesques, cordons de fleurs et feuillages sur fond clair. Vendu 12,500 fr.

N° 14. — Coussin de bergère (larg. : 0m,63 ; prof. : 0m,54) en tapisserie d'Aubusson Louis XVI. Au centre d'un médaillon ovale simulant un cadre à tore de laurier, un trophée d'instruments de musique sur fond clair. Entourage de festons, de fleurs et de feuillages sur fond jaune. Vendu 536 fr.

Hôtel Drouot. — Coll. du baron Benoit Béchin. 7 mai 1912.

N° 105. — Mobilier de salon (un canapé, long. : 1m,60, six fauteuils) couvert en tapisserie d'Aubusson à dessin de médaillons contenant des animaux et des personnages qui se détachent sur fond blanc chargé de guirlandes de fleurs enrubannées.

N° 109. — Tabouret ovale (grand diam. : 0m,50 ; petit diam. : 0m,37) en tapisserie d'Aubusson Louis XVI, représentant un oiseau dans un paysage entouré d'une couronne de feuillages.

Hôtel Drouot. — Coll. de Madame Balletta. 8-10 mai 1912.

N° 431. — Canapé marquise en bois sculpté et doré à entrelacs, couvert en tapisserie d'Aubusson Louis XVI, à sujets tirés des *Fables de La Fontaine*, encadrement de fleurs. Vendu 13,500 fr.

N° 432. — Deux fauteuils à dossiers, médaillons en bois sculpté et doré, couverts en tapisserie d'Aubusson Louis XVI, à sujets de petits personnages sur les dossiers, d'animaux sur les sièges. Vendus 6,850 fr.

N° 433. — Fauteuil en bois doré et sculpté, couvert en tapisserie d'Aubusson Louis XVI, à bouquet de fleurs sur fond crème. Vendu 1,150 fr.

N° 434. — Deux chaises en bois sculpté et doré, couvertes en tapisserie d'Aubusson Louis XVI, à bouquets de fleurs sur fond crème, avec contre-fond vert. Vendues 1,405 fr.

Hôtel Drouot. — Guggenheim. 18 novembre 1912.

N° 39. — Deux fauteuils, (larg. : 0m,57) à dossier-médaillon, en bois mouluré et sculpté, couverts en tapisserie d'Aubusson Louis XV, à personnages, animaux et fleurs. Vendus 1,930 fr.

N° 40. — Quatre fauteuils, (larg. : 0m,60) de forme contournée, en bois mouluré et sculpté, recouverts en tapisserie d'Aubusson Louis XV, à gerbes de fleurs sur fond blanc, encadrement feston de feuillages fleuris. Contre-fond jaune. Vendus 5,300 fr.

Hôtel Drouot. — Succession de Mlle Lantelme. 18-20 novembre 1912.

N° 236. — Quatre fauteuils (larg. : 0^m,58), à dossiers médaillons en bois sculpté et doré, couverts en tapisserie d'Aubusson Louis XV, présentant des compositions tirées des *Fables de La Fontaine*, sur fond blanc encadré de rocailles et de treilles fleuries. Vendus 17,150 fr.

N° 237. — Fauteuil (larg. : 0^m,58) en bois sculpté et peint gris à moulures, signé « Menant », couvert en tapisserie d'Aubusson Louis XVI, à médaillon d'animaux sur fond blanc chargé de fleurs. Vendu 1,100 fr.

N° 238. — Ecran (H. : 0^m,94, L. : 0^m,74) en bois sculpté à cannelures et rosaces; feuille en tapisserie d'Aubusson Louis XVI, ornée d'un médaillon qui représente un chasseur assis, sonnant de la trompe; encadrement de fleurs, fond blanc. Vendu 1,780 fr.

Hôtel Drouot. — Comte de la Ferrière. 2-4 décembre 1912. (Objets provenant du château de Bierre, près Semur, Côte-d'Or).

N° 226. — Mobilier de salon (un canapé à jours, long. : 2^m,10; douze fauteuils, larg : 0^m,65), couverts en tapisserie d'Aubusson Louis XV. Aux dossiers : petits personnages, aux sièges, animaux Encadrement de torsades de fleurs. Vendu 62.500 fr.

N° 228. — Deux fauteuils (larg. : 0^m,67), couverts en tapisserie d'Aubusson Louis XV, gerbes et corbeilles de fleurs sur fond jaune. Vendus 7,300 fr.

N° 229. — Quatre fauteuils (larg, : 0^m,66) couverts en tapisserie d'Aubusson Louis XV; aux dossiers, corbeilles fleuries et attributs retenus par des nœuds de rubans; aux sièges, animaux. Encadrement à festons de fleurs s'enroulant sur un ruban. Contrefond bis. Vendus 23.000 fr.

N° 230. — Ecran (L. : 0^m,72) couvert en tapisserie d'Aubusson Louis XV. Sur fond blanc une corbeille fleurie suspendue par un nœud de ruban avec encadrement de torsades de fleurs sur contrefond tabac. Vendu 4,550 fr.

Hôtel Drouot. — Anonyme. 13 décembre 1912.

N° 135. — Mobilier de salon (un canapé, long. : 1^m,65; huit fauteuils, larg. : 0^m,60;) couverts en tapisserie d'Aubusson fin XVIIIe. Aux dossiers : petits personnages; aux sièges : animaux. Encadrement de fleurs et palmettes. Vendus 15,000 fr.

N° 136. — Mobilier de salon (un canapé, long. : 1^m,63, six fauteuils, larg. : 0m,59) bois sculpté peint, couverts en tapisserie d'Aubusson Louis XVI. Aux dossiers, personnages et encadrement de draperies; aux sièges, animaux et fleurs.

Hôtel Drouot. — Anonyme. 16-17 décembre 1912.

N° 272. — Deux fauteuils bois sculpté et doré, couverts en tapisserie d'Aubusson Louis XVI. Aux dossiers, sur fond clair petits personnages entourés de guirlandes fleuries; aux sièges, *Fables de La Fontaine*, entourées de guirlandes fleuries reliées par un ruban. Vendus 2,400 fr.

N° 273. — Quatre petits fauteuils bois sculpté et doré couverts en tapisserie d'Aubusson XVIIIe à bouquets de fleurs reliés par un ruban et entourés de bordures simulant des cadres dorés à coquilles. Vendus 1,300 fr.

N° 275. — Petit fauteuil couvert en tapisserie d'Aubusson Louis XVI à petits personnages et animaux sur fond clair. Vendu 1,800 fr.

Pau. — Lawrance. 17-20 décembre 1912.

N° 192. — Six fauteuils couverts en tapisserie d'Aubusson Louis XVI. Aux dossiers, petits personnages encadrés de guirlandes de fleurs sur fond gris clair, contrefond rouge; aux sièges, *Fables de La Fontaine.*

N° 193. — Un canapé, deux fauteuils, couverts en tapisserie d'Aubusson XVIIIe. Aux dossiers : *Jeux d'enfants*; aux sièges, *Fables de La Fontaine.*

N° 194. — Un canapé, huit fauteuils, couverts en tapisserie d'Aubusson Directoire; aux dossiers, petits personnages; aux sièges, volatiles encadrés par des ornements de fleurs. Dessin de Huet. Fond gris clair, contrefond vert olive clair.

1913

Hôtel Drouot. — Succession de Madame la marquise d'A. 24-26 février 1913.

N° 336. — Fauteuil en bois sculpté, époque Louis XVI, garni au siège et au dossier de tapisserie d'Aubusson en partie ancienne, à sujets chiens, oiseaux et rinceaux. Encadrement de fleurs, rocailles et draperies.

N° 337. — Fauteuil analogue au précédent, garni au siège et

au dossier de tapisserie d'Aubusson du XVIIIe siècle, offrant dans dans des médaillons, suspendus à des rubans, des animaux et volatiles. Encadrement de fleurs et rinceaux sur fond clair; contrefond vert.

Ces deux pièces ont été vendues ensemble 2,190 fr.

N° 338. — Trois fauteuils à dossier médaillon, en bois sculpté laqué, garnis aux sièges et aux dossiers d'anciennes tapisseries d'Aubusson, offrant des gerbes de fleurs, liées par des rubans, sur fond blanc, encadrées de feston de fleurs; contrefond brique. Epoque Louis XVI. Vendus 2,100 fr.

N° 339. — Fauteuil à dossier médaillon, en bois sculpté, garni au siège et au dossier, de tapisserie d'Aubusson, offrant sur fond clair des gerbes de fleurs dans des encadrements à enroulements de rubans sur feston de fleurs et feuillages. Epoque Louis XVI. Vendu 860 fr.

N° 340. — Fauteuil en bois sculpté, garni au siège et au dossier d'ancienne tapisserie d'Aubusson, offrant des animaux et une fillette. Encadrement à draperies et guirlande de fleurs; contrefond vert. Epoque Louis XVI. Vendu 710 fr.

N° 341. — Fauteuil en bois sculpté à dossier médaillon, garni au siège et au dossier de tapisserie d'Aubusson offrant une gerbe et panier de fleurs lié ou suspendu par des rubans. Encadrement de guirlandes fleuries sur fond clair; contrefond bleu. Epoque Louis XVI. Vendu 920 fr.

N° 342. — Deux petits fauteuils en bois sculpté à dossier médaillon, recouverts aux sièges et aux dossiers de tapisserie d'Aubusson à gerbes de fleurs et nœuds de ruban. (Un des deux de l'époque Louis XV). Vendus 500 fr.

Hôtel Drouot. — Succession de Mlle X. (Morlange). 3-7 mars 1913.

N° 382. — Meuble de salon (un canapé, six fauteuils), en bois sculpté et doré, couvert en tapisserie d'Aubusson du temps de Louis XVI, présentant sur les dossiers de petits personnages entourés de fleurs et de draperies, et sur les sièges des animaux avec même entourage. Vendu 33,705 fr.

Hôtel Drouot. — Anonyme. 17 mars 1913.

N° 95. — Siège et dossier en ancienne tapisserie d'Aubusson à fond clair. Le dossier présente des initiales entrelacées et le siège des instruments de jardinage.

Hôtel Drouot. — M. P. (Pinel). 21 avril 1913.

N° 2. — Mobilier de salon couvert en tapisserie d'Aubusson XVIIIe s. (deux bergères, dix fauteuils), en bois sculpté. Aux sièges et aux dossiers, sur fond blanc, des compositions à sujets d'animaux dans le goût d'Oudry, pour la plupart tirés des *Fables de La Fontaine*, et des petits personnages de J.-B. Huet. Ils sont présentés dans des médaillons ovales avec bordure simulant un cadre. Les entourages sont faits de rinceaux, guirlandes, entrelacs, cordons de fleurs et feuillages, draperies à franges, cordelières à glands. Larg. : d'une bergère 0m,70; d'un fauteuil 0m,60. Vendus 61,000 fr.

Galerie Georges Petit. — Vente de la collection Eugène Kræmer. 5-6 mai 1913.

N° 159. — Ecran ovale en bois sculpté avec feuille en tapisserie d'Aubusson, présentant un médaillon à sujet de *Jeux d'enfants*, se détachant sur fond enguirlandé et enrubanné. Fin Louis XV. H. : 0m,98.

Galerie Georges Petit. — Un amateur (Madame Ephrussi). 19 mai 1913.

N° 80. — Petite chaise en bois sculpté à dossier rectangulaire, garnie, au siège et au dossier, d'ancienne tapisserie d'Aubusson de la fin du XVIIIe siècle, offrant dans des médaillons rectangulaires à angles abattus, bordés d'un cordon de fleurs, des faisans et des canards sur fond blanc, contrefond crème. Larg. : 0m,40.

N° 81. — Petit fauteuil en bois sculpté et doré à dossier médaillon garni, au siège et au dossier, d'ancienne tapisserie d'Aubusson du XVIIIe siècle, offrant des personnages dans des médaillons. Alentour à guirlande de fleurs et rinceaux, sur fond clair. Larg. : 0m,48.

Hôtel Drouot. — Anonyme. 22 mai 1913.

N° 34. — Six fauteuils en bois laqué couverts d'ancienne tapisserie d'Aubusson présentant, dans des médaillons réservés sur fond crème à fleurs et rubans, des oiseaux aux dossiers et des animaux divers aux sièges. Epoque Louis XVI. Vendus 33,050 fr.

Galerie Georges Petit. — M. X. (La Béraudière). 26 mai 1913.

N° 45. — Mobilier de salon (un canapé, six fauteuils), en bois mouluré, sculpté et peint gris, recouvert d'ancienne tapisserie d'Aubusson du temps de Louis XVI, offrant sur fond blanc des gerbes et guirlandes de fleurs. Long. : du canapé, 1m,60, d'un fauteuil 0m,59. Vendu 140,000 fr.

N° 46. — Mobilier de salon (un canapé, huit fauteuils) en bois sculpté, recouvert d'ancienne tapisserie d'Aubusson, offrant sur fond blanc des médaillons avec personnages sur les dossiers et animaux sur les sièges, accompagnés de guirlandes et de cornes d'où s'échappent des fleurs, contrefond bleu. Epoque Louis XVI. Long. : du canapé $1^{m},90$, d'un fauteuil $0^{m},60$. Vendu 61.000 fr.

Hôtel Drouot. — Anonyme. 28 mai 1913.

N° 68. — Fauteuil en bois sculpté à coquilles, du temps de Louis XIV, couvert en tapisserie d'Aubusson du XVIIe siècle, à fleurs et oiseaux. Vendu 950 fr.

Hôtel Drouot. — Comte de X. 10 juin 1913.

N° 39. — Deux sièges en ancienne tapisserie, à décor de bouquets réservés sur fond jaune dans un encadrement fleuri. Aubusson, époque Restauration. Vendus 260 fr.

Hôtel Drouot. — M. X. 12 juin 1913.

Mobilier de salon en bois sculpté et doré (un canapé, six fauteuils) recouvert d'ancienne tapisserie d'Aubusson du XVIIIe siècle. Compositions à animaux, tirées des ***Fables de la Fontaine***, et petits personnages d'après J.-B. Huet dans des médaillons ovales à bordures simulant des cadres enguirlandés et suspendus par des nœuds de rubans. Alentour à cordons de fleurs et feuillages. Fond clair. Long. : du canapé $1^{m},50$, du fauteuil $0^{m},61$. Vendu 7,865 fr.

Hôtel Drouot. — Anonyme. 17 juin 1913.

N° 177. — Quatre fauteuils en bois sculpté à dossiers médaillon recouverts d'ancienne tapisserie d'Aubusson XVIIIe siècle, présentant des animaux et volatiles en réserve, sur fond crème à fleurs et rubans. Vendus 5,005 fr.

Hôtel Drouot. — Anonyme. 24 juin 1913.

N° 82. — Quatre fauteuils en bois sculpté recouverts en tapisserie d'Aubusson du temps de Louis XVI, à dessin varié de personnages sur les dossiers et animaux sur les sièges, avec encadrement de draperies et fleurs. Vendus 4,000 fr.

Hôtel Drouot. — Anonyme. 6 novembre 1913.

N° 87. — Ecran en bois laqué blanc, style Louis XVI. Feuille en ancienne tapisserie d'Aubusson présentant une bergère et un chien sur la route; fond crème et contrefond vert à guirlandes et fleurs. Vendu 610 fr.

Hôtel Drouot. — Succession de Madame de Basily-Gallimaki. 12-13 novembre 1913.

N° 238. Fauteuil en bois sculpté doré, garni au siège et au dossier d'ancienne tapisserie d'Aubusson du XVIIIe siècle, présentant des gerbes de fleurs sur fond blanc; entourage de cordons de fleurettes et rubans entrelacés. Contrefond bleu. Larg. : 0m,60.

N° 239. — Chaise en acajou, à dossier ajouré, de la fin du XVIIIe siècle. Le siège est garni d'ancienne tapisserie d'Aubusson du XVIIIe siècle, offrant une gerbe de fleurs liées par un nœud de ruban. Entourage à enroulement de ruban sur cordon de feuillages et fleurettes. Larg. : 0m,48.

N° 240. — Chaise, modèle analogue à la précédente. Sur le siège bande rectangulaire en ancienne tapisserie d'Aubusson, présentant un canard : entourage cordon de fleurs et feuillages. Contrefond vert moderne. Larg. : 0m,48.

N° 241. — Tabouret en bois sculpté recouvert d'ancienne tapisserie d'Aubusson du XVIIIe siècle, représentant *Le Loup et l'Agneau*. Larg. : 0m,47.

Hôtel Drouot. — Succession de Madame D. (Delizy). 17-19 novembre 1913.

N° 293. — Mobilier de salon (un canapé, deux bergères, huit fauteuils) en bois sculpté peint et doré, recouvert d'ancienne tapisserie d'Aubusson du temps de Louis XVI. Décor à personnages sur les dossiers et à animaux sur les sièges. Le dossier du canapé présente une composition à cinq personnages, *Le Repos après la chasse*. Encadrement de draperies et guirlandes de fleurs; contrefond marron. Long. : du canapé 1m,65, d'une bergère 0m,65, d'un fauteuil 0m,60. Vendu 26,100 fr.

N° 294. — Siège de canapé et quatre pièces pour garniture de fauteuils en ancienne tapisserie d'Aubusson du XVIIIe siècle. Chaque pièce offre des compositions à personnages et animaux dans des encadrements à draperies et guirlandes de fleurs; contrefond refait. Long. du canapé 1m,95. Vendu 4,350 fr.

Hôtel Drouot. — Anonyme. 15 décembre 1913.

N° 101. — Siège de fauteuil, en ancienne tapisserie d'Aubusson du XVIIIe siècle, offrant au centre sur fond crème un groupe de mouton et bélier. Encadrement à fleurs et draperie enguirlandée.

N° 104. — Dossier de fauteuil en ancienne tapisserie d'Aubusson du XVIIIe siècle. Gerbe fleurie, sur fond crème, au centre d'une couronne de feuillage et fleurs.

Nº 106. — Mobilier de salon (un canapé, dix-huit fauteuils) en bois sculpté peint recouvert d'ancienne tapisserie d'Aubusson du XVIIIe siècle. Dossiers à sujets de personnages; sièges à animaux dans des encadrements à fleurs et draperies enguirlandées. Long. du canapé $1^{m},74$; larg. d'un fauteuil $0^{m},56$.

Hôtel Drouot. — Madame A. H. (Halain). 19-20 décembre 1913.

Nº 185. — Ecran à feuille en ancienne tapisserie d'Aubusson, époque Louis XV. Fable de La Fontaine, *Le Cheval et le Loup*; encadrement de rinceaux et guirlandes; fond crème; contrefond jaune. Vendu 1,500 fr.

Nº 186. — Deux chaises en bois sculpté couvertes en anciennes tapisserie d'Aubusson époque Louis XV; figures d'enfants aux dossiers, *Fables de La Fontaine* aux sièges. Entourage de rinceaux et guirlandes, fond crème, contrefond brun. Vendues 2,600 fr.

Nº 187. — Deux petits fauteuils couverts en ancienne tapisserie d'Aubusson, petits médaillons à personnages aux dossiers, *Fables de La Fontaine* sur les sièges. Fond crème, entourage de fleurs et rinceaux. Vendus 5,000 fr.

Nº 188. — Fauteuil sculpté Louis XV, couvert en ancienne tapisserie d'Aubusson; *Fables de La Fontaine* dans les encadrements à fleurs et pavots, fond blanc, contrefond brun. Vendu 1,800 fr.

Nº 190. — Deux petits canapés en bois doré Louis XVI, couverts en ancienne tapisserie d'Aubusson à décor de scènes mythologiques aux dossiers et *Fables de La Fontaine* sur les sièges; fond crème; bordure à motifs de chaînes, médaillons et fleurons. Vendus 12,100 fr.

Nºs 191 à 193. — Trois petits tabourets de pied en bois doré, couverts en ancienne tapisserie d'Aubusson, à décor de petits personnages et animaux dans les médaillons. Vendus 1,700 fr.

Tapis

1913

Hôtel Drouot. — Anonyme. 19 février 1913.

Nº 12. — *Tapis d'Aubusson* à rosace centrale sur fond vert; bordure à fleurs. Epoque Restauration. $5^{m},20$ sur $5^{m},40$. Vendu 1,405 fr.

Hôtel Drouot. — Mesdames X. 21 février 1913.

N° 171. — *Carpette d'Aubusson* carrée, ornée d'un médaillon fleuri au centre entouré de guirlandes de fleurs nouées par des rubans rouges sur fond marron et contrefond crème à rinceaux de feuillage. Epoque Restauration. 2m,53 sur 2m,53.

Hôtel Drouot. — Succession de Madame la Marquise d'A. 24-26 février 1913.

N° 383. — Tapis de pied en tapisserie d'Aubusson, médaillon central à rosaces, contrefond vert. Bordure à guirlande de fleurs et rinceaux, fond rouge. Epoque Restauration. Vendu 1,250 fr.

Hôtel Drouot. — Anonyme. 25 février 1913.

N° 120. *Tapis d'Aubusson* présentant une rosace centrale et des lyres dans un encadrement de feuillages, entourage à grands rinceaux. Bordure par compartiments de rosaces et de palmettes. Commencement du XIXe siècle. Vendu 1,025 fr.

Galerie Georges Petit. — Un amateur (Madame Ephrussi) 19 mai 1913.

N° 124. — *Tapis de pied d'Aubusson*, XVIIIe siècle. Le décor se compose, au centre, d'une rosace quadrilobée à fond crème, à bordure simulant une baguette de cadre et offrant un trophée d'attributs champêtres, des feuillages, des fleurs et des branches d'arbres fruitiers, ainsi qu'un couple de colombes se détachant sur un contrefond damassé rose, à encadrement à cartouches et crossettes. Dans chaque milieu de la bordure, un médaillon à cadre simulé, suspendu par un nœud de ruban, cantonné de rocailles, culots à palmes et guirlandes de fleurs; trophées d'instruments de musique sur contrefond bleu. Aux quatre angles, sur fond crème, des vases chargés de fleurs. 5m,50 sur 4m40.

N° 125. — *Tapis d'Aubusson* fin XVIIIe siècle. Au centre une rosace; aux quatre angles des écoinçons ornés de rinceaux sur fond marron agrémenté de guirlandes et de trophées d'attributs 4m,70 sur 3m,50.

III. — Tapisseries observées ou signalées

1. — Suite d'Esther et Assuérus a la mairie de Luzy (Nièvre) (1)

Au cours d'une excursion, en septembre 1913, j'ai eu l'occasion d'examiner une intéressante suite de tapisseries à la mairie de Luzy. Quoiqu'elles ne portent ni marque ni signature, leur provenance aubussonnaise ne fait aucun doute; pour en être sûr il ne serait même pas nécessaire de signaler les analogies dont je parlerai plus loin; la facture indique clairement leur origine. M. de Lespinasse, président de la Société nivernaise des Lettres, sciences et arts, a bien voulu me faire savoir que ces tapisseries n'avaient jamais été publiées.

Cette suite, qui paraît de la fin du XVIIe siècle, se compose de huit panneaux, dont un très grand, un moyen et six petits à dimensions d'entrefenêtres. Elle paraît avoir été faite spécialement pour la pièce où elle se trouve actuellement (salle des délibérations du conseil municipal). Elle était en place quand l'immeuble, autrefois demeure particulière, est devenu mairie; je n'ai pu me procurer aucun renseignement sur les anciens propriétaires de l'immeuble.

Elle représente des épisodes ou des personnages de l'*Histoire d'Esther et d'Assuérus*. Je décris chaque panneau de gauche à droite.

1er panneau. — H. : 2^{m},37; L. : 6^{m},20.

Deux scènes y sont figurées : le *Triomphe de Mardochée* et *Aman surpris par Assuérus auprès d'Esther*.

Groupe de trois personnages âgés devant une colonne; l'un porte une tunique, l'autre une longue robe et tient la main sur sa poitrine; le troisième, en avant, est drapé dans une sorte de peplum. Au premier plan, touffes de plantes fleuries et tronc

(1) Luzy, chef-lieu de canton, arrondissement de Château-Chinon.

d'arbre. Un homme à cheval s'avance se dirigeant vers la gauche : c'est Mardochée auquel le roi a décerné les honneurs royaux, pour le récompenser du service qu'il a rendu en dénonçant la conspiration des eunuques; il est vêtu en roi et porte le sceptre. Un personnage costumé en héraut tient de la main gauche le cheval de Mardochée par la bride; il tient, de la main droite, une trompette dans laquelle il souffle; le carré d'étoffe, attaché à cette trompette, porte un lion héraldique. Ce personnage est Aman. Derrière le cheval de Mardochée, deux personnages à casques, l'un drapé, l'autre ayant une cuirasse et une lance. L'arrière plan de cette partie du panneau est formé par une architecture de ville.

Une colonne sépare cette scène de l'autre : Esther est étendue sur sur un lit à baldaquin. Aman est à côté du lit; il avance la main gauche. Le roi arrive par la gauche; il lève la main dans un geste de surprise. Au pied du lit, un chien jappe.

2e panneau. — H. : 2m,37; L. : 2m,80.

Il représente Esther se jetant aux pieds du roi pour le supplier de sauver les Juifs.

Le roi est sur son trône à côté duquel se tient un lévrier. Esther, vêtue d'une robe somptueuse, est agenouillée. Une femme la soutient; une suivante porte la traîne de la robe.

La partie inférieure gauche du panneau présente des dessins ornementaux. De prime abord on croirait qu'il y a eu là un rhabillage, alors que c'est une figuration très gauche d'une mosaïque sur le sol.

3e panneau. — H. : 2m,37; L. : 1m,08.

Le roi, tenant son sceptre, est couché sur un lit; devant lui deux personnages paraissent écouter ses ordres. Ce panneau semble représenter Assuérus prescrivant à ses scribes de publier l'édit en faveur des Juifs. Il présente, comme l'entrefenêtre no 5 ci-dessous, cette particularité que les personnages au lieu d'être de grande dimension comme dans les autres pièces de la suite, sont très petits.

Cinq entrefenêtres :

1o guerrier à barbe blanche vu de profil, portant un casque à plumet et vêtu d'un manteau rouge. Fond de verdure avec balustrade.

2o Guerrier imberbe vu de face. Au fond, des tentes.

3o Guerrier en faction tenant une lance, sous un portique par lequel on aperçoit des bâtiments.

4° Femme (probablement Esther se présentant au roi) portant une tunique à ramage; elle est sous une tenture. A droite, des bâtiments.

Ces quatre entrefenêtres, de dimensions égales (H. : 2m,37; L. : 0m,75) ont leurs personnages de grande taille.

5° (H. : 2m,37; L. : 0m,60) Petits personnages. Un soldat avec une lance en faction au pied d'un escalier.

Tous les panneaux ont la même bordure, de 0m,10 de largeur, composée de sept filets sur lesquels des bouquets de fleurettes sont jetés de loin en loin.

L'*Histoire d'Esther et d'Assuérus* est peut être le sujet que les ateliers marchois ont le plus produit et auquel ils sont le plus restés fidèles.

On peut, avec vraisemblance, leur attribuer les deux panneaux du XVIe siècle, d'un travail assez grossier : *Esther présentée à Assuérus* et *Mardochée paraissant devant le roi*, qui font partie de la riche collection de l'Hôpital de Beaune (1). De la même époque dateraient une scène d'*Esther et d'Assuérus*, au château de Peyrudette près Bellegarde (Creuse), et *Les Israélites chez Assuérus*, de la collection de M. Raoul Fougères, signalés par Pérathon (2). Bien que l'indication ne soit pas parfaitement explicite, M. l'abbé Bossebœuf paraît attribuer aux ateliers d'Aubusson deux panneaux d'*Esther et Assuérus* du XVIe siècle, qu'il signale chez M. Boullay, à Beauséjour, près de Tours (3).

A la vente des tapisseries du château de Chalais (Hôtel Drouot, 10 juin 1896) a passé une scène d'*Esther et Assuérus* de l'époque d'Henri IV, dit Pérathon (4). Vérification faite, le catalogue de la vente ne contient pas cette précision ; il mentionne non pas un mais deux sujets de cette suite (H. : 2m,82 et 2m,25 ; L. : 1m,82 et 1m,85), sans en donner la description.

Au début du XVIIe siècle, le 8 avril 1619, trois tapissiers marchois, Simon Marsillac, Joseph Le Vefve, d'Aubusson, et Léonard de la Mazure, de Felletin, se trouvant à Fontenay, en Vendée,

(1) J. Guiffrey, *Les Tapisseries de l'Hôpital de Beaune (Bulletin archéol. du comité des travaux histor. et scientif.* 1887, p. 346). — Pérathon, *Catalogue*, p. 41.

(2) *Catalogue*, p. 19 et 36.

(3) L. A. Bossebœuf, *La Manufacture de tapisseries de Tours (Mém. de la Soc. archéol. de Touraine*, XLIII, p. 358 en note).

(4) *Catalogue*, p. 153.

passèrent marché avec la veuve du seigneur de la Boullaye, gouverneur de la ville, pour la fourniture d'une suite d'*Esther et d'Assuérus*. Voici ce document qui a été publié par M. de Montaiglon (1).

Aujourd'huy entre haulte et puissante dame Marie Hurault, veufve de feu hault et puissant Me Phelipes Eschallard, vivant chevalier, seigneur de la Boullaye, conseiller du roy en ses conseils d'Estat et privé, capitaine de cinquante hommes d'armes de ses ordonnances, gouverneur et lieutenant pour Sa Majesté ès ville et chasteau de ceste ville de Fontenay-le-Comte, d'une part. Et Symon Marsillac et Joseph Le Vefve, marchands tapissiers demeurant en la ville d'Aubusson en la Haulte Marche, et Léonard de La Mazure, de la ville de Felletin, près ladicte ville d'Aubusson, aussi marchand tapissier, estant de présent audict Fontenay, d'autre part, a esté faict le marché qui s'ensuict :

Sçavoir est que lesdicts Marsillac, le Vefve et de La Mazure ont promis et se sont obligez de faire pour madicte dame cinq pièces de tapisseries de fine layne retorse, pareilles aux trois pièces qui ont esté présentées et montrées auxdicts tapissiers, lesquelles cinq pièces de tapisseries contiendront quatorze aulnes de tour où sera représenté le reste de l'histoire d'Esther et du roy Assuérus qui a esté commencé sur lesdictes trois tapisseries présentées et seront lesdictes cinq tapisseries de mesme layne et fabrique, et à ceste fin deux desdictes tapisseries ont esté emportées par ledict Marsillac et ses parsonniers, et rendront lesdictes cinq tapisseries bien et deuement faictes et parfaictes par eulx de toutes estoffes au logis de madicte dame audict Fontenay, à dire de gens à ce cognoissans, dans la feste de Saint Venant prochaine auquel jour ils restitueront aussy à lad. dame les deux pièces de tapisseries par eux emportées et pour servir de modèle.

Faict le présent marché moyennant la somme de seize livres dix sols tournois pour chascune aulne en carré de lad. tapisserie sur lequel prix lad. dame a promis de payer auxdicts tapissiers dans la feste de St-Jean-Baptiste prochaine la somme de six vingt livres tournois, pourveu qu'audict jour, pour seureté dudict marché, lesd. tapissiers laisseront à lad. dame pour gage huict ou neuf pièces de tapisserie faisant une tente. Et le parsus de ce que se montera le prix du présent marché, lad. dame le payera auxd. tapissiers lorsqu'ils luy fourniront lesd. cinq tapisseries, faicte comme il est cy dessus désigné et icelles visitées par gens experts et à ce cognoissants.

Faict et passé aud. Fontenay, au logis de lad. dame de la Boulaye le huictiesme jour d'avril mil six cent dix neuf, après midy, et en faveur du présent marché est accordé que lesdicts tapissiers rabilleront les susd. trois pièces appartenant à lad. dame et qui contiennent le commencement de lad. histoire d'Esther et fourniront à cet effet toute la layne et fleurets requis à leurs despens, pendant lequel raccommodement lad. dame nourrira lesd. tapissiers sans leur bailler aulcun salaire.

(1) *Nouvelles Archives de l'art français*, 1872, p. 191, 193.

Faict comme est dict et a led. Le Vefve desclaré ne sçavoir signer de ce requis.

Marie Hurault, de La Mazure, de Marsillac, Gaignon, notaire, Robert, notaire.

D'après des renseignements obligeamment recueillis à Fontenay-le-Comte par mon ami M. Henri Hugon, les tapisseries, objet du contrat de 1619, seraient toujours à Fontenay. Les mêmes renseignements signalent une suite semblable à Saumur.

Pour le XVIIe siècle, Pérathon signale : (1)

Plusieurs panneaux avec belles bordures en grisailles et écusson, au château de Séverac (Aveyron);

L'arrestation d'Aman, marque de Felletin (coll. de M. l'abbé Vanel, à Rouen);

Esther auprès d'Assuérus, appartenant à M. Pierre, au château de Charron (Indre);

Aman implorant Esther (observée en réparation à Aubusson);

Une belle suite appartenant à M. Augier à Evaux (Creuse); comprenant : le *Portrait d'Assuérus*, le *Couronnement d'Esther*, le *Palais d'Assuérus*, la *Scène du lit de la reine*, le *Triomphe de Mardochée*. Ces tapisseries portent les armes des d'Aubusson la Feuillade, et Pérathon pense qu'elles peuvent provenir de la fabrique qu'avait établie le duc de la Feuillade à Aubusson, vers 1685;

Deux panneaux de la coll. Rogier (château de Bonlieu, Creuse), dont l'époque n'est pas indiquée par Pérathon et qui sont du XVIIe siècle apparemment.

A ces pièces il faut ajouter le *Mariage d'Esther et d'Assuérus*, n° 8 de la vente des tapisseries des hospices d'Orléans, que j'ai signalée dans ma chronique précédente (2), et la série de la Cathédrale de Rouen incomplètement signalée par Pérathon et sur laquelle un des collaborateurs de la *Bibliothèque d'art et d'archéologie*, M. d'Heucqueville, m'a fort aimablement renseigné. Cette série comprend :

1. *L'Envoyé de Mardochée exhorte Esther.*
2. *Esther devant Assuérus.*

(1) Pour ces indications et celles qui suivent V. *Catalogue*, Table, v° Esther et Assuérus.

(2) *Bull. Soc. archéol. et hist. du Limousin*, tome LXIII, p. 240, tirage à part, p. 14.

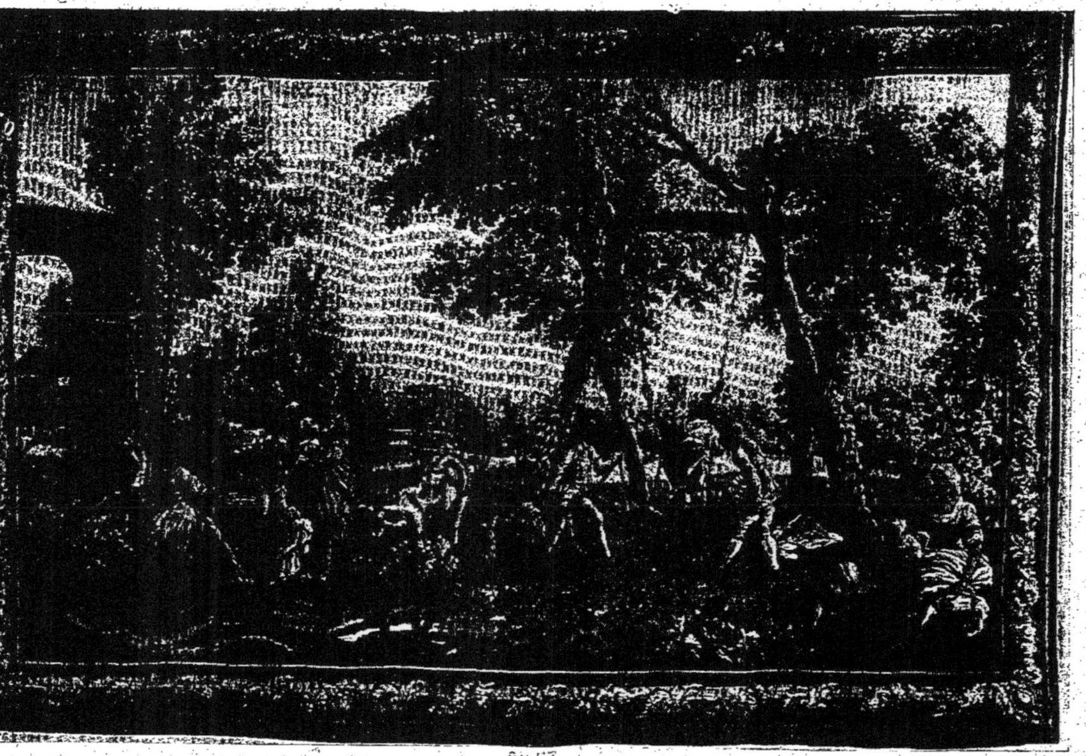

Aubusson (XVIIIe s.)

Le Jeu des Oublies et le Jeu de l'Escarpolette

(Collection de M. Delangre, à Douai)

Planche 4.

3. *Le couronnement d'Esther.*
4. *Le triomphe de Mardochée.*
5. *La condamnation d'Aman.*

Deux de ces tapisseries sont signées : M. R. DAVBVSSON. M. DESSARTAVX. Deux de la même manière moins la lettre M. devant le nom du tapissier. Elles ont une large bordure à feuillages et à fleurs. Sauf quelques détails, les n°s 2, 4 et 5, représentant les mêmes sujets que les 1er et 2e panneaux de Luzy, sont absolument semblables à ceux-ci. Je n'ai pas rencontré de renseignements précis sur le tapissier signataire de cette suite et qui a fourni d'autres tentures à la cathédrale de Rouen.

Au XVIIIe siècle, le sujet n'a pas eu moins de vogue qu'au siècle précédent. Les Gobelins donnent l'exemple; on l'y traite en haute lisse et en basse lisse sur les cartons de de Troy (1); Restout fait aussi des cartons d'une suite d'Esther (2). Pour Aubusson, Pérathon signale :

Une suite en huit pièces, au château de la Motte (Sarthe) et qui était auparavant à la Garde près Cahors;

Une suite en quatre panneaux à l'Hôtel-Dieu de Narbonne, signée M. R. DAVBVSSON. I. D. (Pérathon pense que ces initiales sont celles du tapissier aubussonnais Jacques Dorliat, dont on connaît quelques autres pièces et qui est cité à Aubusson en 1715; à l'appui de cette attribution, je relève une coïncidence : un Jean Dorliat, originaire de Felletin, fils de Jean et de Léonarde Chauderie, s'est fixé à Narbonne où il se maria en 1661, avec Jeanne de Cuirot, d'Aix; le document de Narbonne qui le mentionne le qualifie de tapissier (3); cet établissement d'un Dorliat à Narbonne a pu faciliter des commandes aux autres Dorliat d'Aubusson).

Une suite importante, de la fin du XVIIIe siècle, a figuré à la vente Koucheleff (Hôtel Drouot, 18-19 mars 1875), n°s 163 à 167 du catalogue. Les cinq pièces la composant, encadrées de bor-

(1) M. Fenaille, *Etat général des tapisseries de la manufacture des Gobelins*, XVIIIe siècle, 2e partie. Paris 1907, in-f°, p. 1 et suiv.

(2) Guiffrey, *Histoire de la Tapisserie*, Tours 1886, in-4°, p. 418.

(3) Léonce Favatier, *La vie municipale à Narbonne au XVIIe siècle. Bull. commission archéol. de Narbonne*, VII, p. 363. (je dois ce renseignement à l'obligeance de mon confrère M. E. Bonnet, de Montpellier).

dures à rinceaux et guirlandes de fleurs, avec écussons armoriés à la partie supérieure, représentent :

Scène de sacrifice et festin.

Scène du sacre.

Scène de mariage.

Entrevue d'Esther et d'Assuérus.

Scène de supplication.

Avec des dimensions exceptionnelles (10m,90; 7m,75; 7m,60; 5m,20; 5m,10 sur 3m,60 de hauteur). Deux sont signées : M. R. D. FOVRGAVD DE LA VERGNE FECIT 1788, nom d'un fabricant bien connu. Elles ont été vendues respectivement 3,850 fr., 3,250 fr., 3,250 fr., 1,920 fr. et 1,300 fr.

Pérathon a attribué au XVIIIe siècle un *Triomphe de Mardochée* chez M. le comte de Gérard, à Sarlat (Dordogne). A en juger par sa courte description ce panneau aurait beaucoup de similitude avec celui de Luzy et serait, par suite, plutôt de la fin du XVIIe. Mais les cartons servaient si longtemps à Aubusson que la date de certaines tentures est difficile à préciser. Quels sont ceux qui ont servi pour la série de Rouen et de Luzy? Ils ont dû être inspirés de gravures qui sont à retrouver. Pour la suite de 1788 on n'est pas plus renseigné.

Pour compléter ces indications sur la suite si populaire d'Esther, je note dans l'inventaire du château de Magnac (1739), récemment publié (1), « six pièces de tapisserie de l'*Histoire d'Ester*....., une tenture de l'*Histoire d'Ester* ». La provenance n'est pas indiquée, mais ces tentures d'un château de notre région devaient être d'Aubusson.

II. — Panneaux d'une suite des Jeux

M. Delangre, président honoraire du Tribunal à Douai, a bien voulu me communiquer d'excellentes photographies de deux tapisseries de sa collection. Je le remercie de cette communication qu'ont accompagnés des renseignements sur ces pièces.

L'une (H. : 2m,80; L. : 4m,20) représente à la fois le *Jeu des Oublies* et le *Jeu de l'Escarpolette* (voir planche 4). A gauche le mar-

(1) *Bull. Soc. archéol. de Bellac*, 1913, p. 88, 89.

chand d'oublies a installé son tonneau; deux femmes, dont l'une porte un enfant, et une petite fille sont autour de lui; derrière l'une des femmes sont deux vaches; à peu près au milieu du panneau une autre vache. A la partie droite du panneau, l'escarpolette sur laquelle se tient une élégante jeune femme; deux jeunes gens tiennent les cordes. Dans l'angle droit de la tenture, une femme assise tenant un petit enfant sur ses genoux et un panier de la main gauche; un chien et un mouton à côté d'elle. Au premier plan un ruisseau; décor d'arbres, de bâtiments, de ferme avec un grand portique. Pont, château, maison et bosquets dans le lointain. La lisière bleue porte une des marques usitées à Aubusson, M. R. D.

L'autre tapisserie (H. : $2^m,73$; L. : $2^m,35$) représente le *Jeu de Colin-Maillard.* Sur une terrasse, à droite, groupe d'un jeune garçon, le bandeau sur les yeux, et de deux jeunes filles qui jouent l'une à sa droite, l'autre à sa gauche. Une autre jeune fille et un jeune homme se tiennent un peu à l'écart du premier groupe sur la gauche du panneau. Grands arbres, fleurs au premier plan. A l'arrière plan, rivière avec rocher, paysage boisé et habitation.

Aux deux pièces, qui sont de la même suite, jolie bordure identique simulant un cadre avec enroulement de fleur et de feuillages.

Ces tapisseries sont de facture élégante et soignée; elles sortent d'un très bon atelier. Les gracieuses compositions qu'elles représentent ont eu beaucoup de vogue au XVIIIe siècle. *Colin-Maillard, Escarpolette, Cheval fondu* et autres « *Jeux champêtres* », faisaient des séries à groupement variable, inspirés de cartons-type encore inconnus et modifiés dans les détails par les peintres d'Aubusson.

Le Musée de Guéret possède un *Jeu de Colin-Maillard,* absolument semblable à celui de la collection de M. Delangre (n° 24 du catalogue) mais moins haut et un peu plus large (H. : $2^m,50$; L. : $2^m,80$); la bordure est du même type et presque identique. La largeur plus considérable a permis d'ajouter de grands arbres à la droite du panneau. J'ai signalé plus haut cette pièce à propos d'un *Jeu du Cheval fondu* au même Musée (vente des 8-10 mai 1912); l'attribution qu'en fait le catalogue (1) à une fabrique flamande est absolument erronée.

(1) *L. C.*, p. 15 à 17.

TABLE

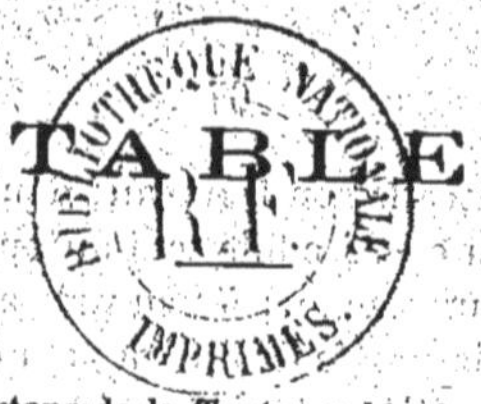

PLANCHES

Limoges. — Imp. Ducourtieux et Gout, 7, rue des Arènes

www.ingramcontent.com/pod-product-compliance
Ingram Content Group UK Ltd.
Pitfield, Milton Keynes, MK11 3LW, UK
UKHW021105270726
13993UKWH00006B/1021